하이쿠 요사 부손 与謝蕪村의
봄, 여름, 가을, 겨울

최충희

제이앤씨
Publishing Corporation

하이쿠 요사 부손与謝蕪村의 봄, 여름, 가을, 겨울 1

하이쿠

하이쿠는 5·7·5의 음수율을 지닌 17자로 된 일본의 짧은 정형시를 일컫는 말이다. 하이쿠는 세계에서 그 유래를 보기 드문 짧은 시로 오랜 전통을 지니고 있으며, 오늘날에도 대중시로서 확고한 자리를 잡고 있다.

전통적인 하이쿠는 계절을 상징하는 계어季語가 필히 있어야 하며 짧은 시의 형태인 만큼 한꺼번에 읽어 내려가는 것을 막기 위해 기레지切字라는 것이 필수조건이다. 계어는 계절을 상징하는 시어를 가리키는 말로, 특정한 계절을 환기시키면서 오랜 일본시가의 흐름 속에서 형성된 미의식을 함축적으로 나타낸 것이다. 우리나라와 마찬가지로 일본도 4계절이 확실하다는 것을 자랑으로 삼고 있다. 이 특징을 정형시의 필수요건으로 삼았다는 점을 통하여 일본인에게 있어 4계절이 얼마나 소중한 것이었나를 미루어 짐작해 볼 수 있다. 계절을 상징하는 계어는 시대의 변천과 더불어 새롭게 만들어지기도 하며, 새로운 상징어를 작품에 적용하기 위해 해마다 새로운 세시기歲時記가 출판되고 있는 실정이다. 우리나라에서는 세시기하면 연말연시의 연중행사를 지칭하는 말로 이해하기 쉬우나 일본의 세시기는 동식물, 기후, 풍토, 연중행사 등의 계절을 상징하는 모든 언어를 망라한 것을 일컫는 말로, 하이쿠 창작의 기본 교과서가 되기도 한다.

기레지切字는 5·7·5 음율의 어느 한 단락에서 끊어줌으로써 강한 영탄이나 여운을 줄 때 사용하는 표현을 지칭한다. 예컨대 「～や(～이여)」「～かな(～로다)」「～けり(～구나)」와 같은 것이다. 기레지는 짧은 시의 폐단이라 할 수 있는 단순구조를 벗어날 수 있는 좋은 수단이 된다. 짧은 시의 어느 한 부분을 끊어줌으로써 그 다음 부분과의 단순 연결을 피하고 중층적인 효과를 노릴 수도 있다.

그러나 근래에 들어와서는 계어季語와 기레지라는 제약이 서서히 사라지게 되면서 하이쿠가 일반대중들 속에 깊이 침투하게 된다. 짧은 시의 형태이기 때문에 나타내고 싶은 것을 산문처럼 구체적으로 나타낼 수 없지만 시로 나타내지 못한 여백을 작자나 독자들 나름대로 메울 수 있다는 점이 매력적인 요소가 되는 것이다. 하이쿠는 함축적인 표현을 통해 자신의 감정을 표현하는 수단으로 일본인에게는 생활 수단과도 같은 역할을 한다.

최근에는 하이쿠의 국제화로 세계 각국에서 자국어로 하이쿠를 짓는 모임이 만들어지고 있다. 한일 문화교류의 일환으로 하이쿠의 이해를 통해 일본인의 심층적인 정서를 파악하는 것도 하나의 방법이 될 수 있으리라 판단되는 바이다.

하이쿠 요사 부손与謝蕪村의 봄, 여름, 가을, 겨울 3

하이쿠의 유래

하이쿠의 유래를 알기 위해서는 일본 시가문학의 전체적인 흐름 속에서 그 특징을 파악하는 것이 첩경일 것이다.

일본 시가문학 중 기록으로 남아있는 가장 오래 된 것은 고대가요이다. 이 고대가요는 일본 역사서인 『고사기古事記』『일본서기日本書紀』에 약 300여 수 가량이 전해지며 가요의 소재는 남녀 간의 사랑, 제사, 전투, 노동, 주연 등이 대부분이다. 고대가요는 일정한 음수율이 지켜지지 않으나 후대에 갈수록 5·7조 또는 7·5조의 노래가 주류를 이루게 된다. 고대가요의 5·7조는 8세기 후반에 편찬된 『만요슈万葉集』에서는 고정되어 정형화의 기조를 보이기 시작한다. 『만요슈』에는 총 4500여 수의 시가를 담고 있는데, 그 중 4200여 수 정도가 5·7·5·7·7의 31자로 된 단가短歌이다. 『만요슈』는 우리나라 이두와 유사한 만요가나万葉仮名라는 표기법을 사용하고 있으며 내용의 다양성과 작자계층의 다양성에 그 특징이 있다.

『만요슈』 이후에는 중국의 당나라의 문화의 영향으로 한시문이 한때 성행을 하다가 10세기 초에는 일본적인 정서를 기반으로 한 국풍

문화가 생겨나고, 일본의 노래라는 뜻의 와카和歌가 성행하게 된다. 와카는 당시의 통일국가인 야마토大和의 노래歌라는 뜻을 줄여 와카和歌라고 표기했으며, 음수율은 5·7·5·7·7의 31자로 고정되어 정형화되었다.

 와카부흥의 상징으로 임금의 명령으로 만들어진 최초의 칙찬와카집인 『고킨와카슈古今和歌集』가 편찬된 것도 이 시기이다.

 이후 와카는 상류층 귀족들의 전유물이 되어 갔으며 와카에 대한 교양이 바로 당시 귀족들의 수준을 상징하는 도구가 되었다. 와카를 통해 귀족들은 자신들의 생활양식과 사고의 틀, 미의식을 표현하였으나 너무나도 우아로운 세계만을 추구한 나머지 보편적인 희로애락의 정서를 담기에는 어려움이 많았다.

 와카는 중세의 전환기를 맞이하여 중세 무사들의 취향에 맞는 새로운 렌가連歌라는 문학으로 발전하게 된다. 렌가는 두 세명 또는 여러 명이 한 자리에 모여 노래를 읊어 가는데, 우선 첫 번째 사람이 5·7·5의 구를 읊으면 그 다음 사람이 7·7로 연결하고, 또 그 다음 사람이 5·7·5로 연결하는 형식으로 전개된다. 앞 사람의 구에 자기의 구를 이어가는 작업을 통해 서로 일치된 작품세계를 추구함으로써 서로간의 마음을 확인 할 수 있다는 것이 중세 무사들의 정신과 상통하는 바가 컸다고 할 수 있다.

 렌가는 여러 명이 서로 구를 연결해 가면서 서로간의 시정을 즉석에서 교환해 가는 형식이므로 틀이 없고 자유분방할 것 같은데, 이로 인해 생기기 쉬운 폐단을 막기 위해 복잡한 규칙이 만들어지게 된다. 규칙이 점점 복잡해짐에 따라 렌가는 쇠퇴의 길을 맞이하게 된다.

정통한 렌가의 쇠퇴를 틈타 중세시대 말기에는 해학을 중심으로 하는 하이카이렌가俳諧連歌가 한때 성행하다가 근세 서민 사회로 들어오면서 경제력을 지닌 쵸닌(町人: 상업과 공업에 종사하는 서민)들에 의해 말장난에 가까운 문학으로 전락하게 된다. 이것을 하이카이俳諧라고 불렀다. 하이카이는 홋쿠発句를 제외하고는 특별한 규칙이 없었기 때문에 빠른 속도로 서민들 사이에 퍼져가게 되어 대중성을 확보하게 된다. 홋쿠는 계절을 상징하는 계어가 필요하고 5·7·5 한 구로써 독립할 수 있어야 하는 규칙이 있었다.

해학과 말장난 중심의 하이카이를 서민들의 애환을 담은 질 높은 문학으로 완성시킨 사람이 마쓰오 바쇼(松尾芭蕉: 1644-1694)이다. 바쇼는 초기 하이카이가 해학 중심의 언어유희로 일관하던 당시 풍조를 반성하고, 하이카이를 자연과 인생의 심오함을 담은 일본의 민중시로 발전시킨 장본인이다. 바쇼는 고전을 연구하고 일생동안 방랑생활을 하면서 자연 속에서 인간의 삶을 깨달으려고 노력하면서 불교적인 수행을 통해 하이쿠를 하나의 장르로 완성시켰으나, 그의 작품은 너무나 관념적이고 철학적인 경향이 강해 일본인들조차도 어렵다고들 한다. 하물며 외국인들이 이해하기에는 더욱 난감하다고 할 수 있다.

마쓰오 바쇼 이후 하이쿠의 대표적인 작가로는 요사 부손(与謝蕪村: 1716-1783)과 고바야시 잇사(小林一茶: 1763-1827)를 들 수 있다. 이 두 사람은 농민 출신으로 서민적인 애환을 담은 하이쿠를 읊어 당시 많은 사람들로부터 사랑을 받았으며 현재도 많은 독자층을 확보하고 있다.

본 책자에서 요사 부손의 하이쿠를 번역하게 된 동기는, 외국인인 우리가 일본 하이쿠를 이해하는데 쉽게 접근 할 수 있는 사람이고, 그의 작품이 회화적인 요소가 강하기 때문에 우리말로서도 쉽게 이해 할 수 있기 때문이다.

 요사 부손

　요사 부손(与謝蕪村 : 1716-1783)은 오사카의 비교적 부유한 농가에서 출생했다. 조실부모하고 부모가 남긴 재산이 없어질 무렵인 스무 살 때 평소 좋아하던 그림과 하이카이를 배우기 위해 에도(현재의 동경)로 떠났다. 에도로 나와 방랑자와 같은 생활을 하다가 1737년에 하야노 소아_{早野宗阿}라는 스승을 만나 하이카이를 배우게 된다. 소아는 마쓰오 바쇼의 문하생인 기카쿠_{其角}의 제자로 야한테이_{夜半亭}라는 하이카이 배움터를 만들어 하이카이 사범으로도 상당히 알려져 있었다. 부손은 당시 예순 살이었던 소아와 침식을 같이 하면서 본격적으로 하이카이를 공부했다. 소아 밑에서 부손은 한문과 한시문을 중점적으로 공부하여 격조 높은 하이쿠를 읊는 기반을 마련했다.

　그러나 1742년 부손 27살 때 스승 소아는 67세의 나이로 세상을 떠나게 된다. 스승을 잃고 천애의 고아와 같은 처지가 된 부손은 에도를 떠나 유랑의 길을 떠난다. 1751년 긴 방랑 생활을 끝내고 부손은 다시 교토로 와서 교토의 하이카이 작가들과 교류를 가진다. 그러나 교토에 온 이후 부손은 하이카이보다 그림 쪽의 공부에 관심을 갖기 시작한다. 1754년에 부손은 본격적인 그림 공부를 위해 단고丹後지방으로 가서 절에 거주하였으며, 수많은 그림 작품을 남기고 있다. 화가로서 부손을 평할 때 에도시대 문인화의 제일인자로 일컫는데, 놀랍게도 그는 일생동안 누군가에게 그림을 사사 받은 적이 없다.

그럼 부손은 어떤 식으로 그림 공부를 했을까?

부손이 살던 시대에는 막부체제의 여러 가지 모순점이 표출되고, 정치적으로도 복잡한 시대였기 때문에 뜻있는 사람들은 현실사회에 만족할 수가 없었다. 이런 불만을 채워줄 만한 돌파구를 찾기 위한 하나의 방편으로 사람들은 시의 세계에 빠져들게 된다. 학문분야에서도 딱딱한 윤리나 도덕을 강조하는 유교를 대신하여 시나 문장을 짓는데 몰두하게 된다. 때마침 중국에서 들어온 사상의 영향으로 영혼의 자유를 위해 세상을 등지고 조용하게 은둔 생활을 즐기는 은둔사상이 성행하게 된다. 이러한 시대의 풍조에서 탄생한 것이 문인취향이다. 속세를 떠나 마음 내키는 대로 시를 짓고 그림을 그리는 것을 문인취향이라고 하며, 이런 세계에서 노닐어야 당시에는 지식인의 자격이 있었던 것이다. 속세를 떠나 자연과 벗하며 유유자적 할 수 있는 이상향을 소재로 한 그림을 문인화라고 한다.

어릴 때부터 중국의 교양서적을 읽고 하이카이 재능에 뛰어난 부손에게 있어 문인화는 당연히 친근할 수밖에 없었다. 부손은「나에게는 스승이 없다. 고금의 유명한 서화를 스승으로 삼는다(われに師なし、古今の名書画をもって師となす)」라고 스스로 밝히고 있듯이, 단고丹後의 벽촌에 은둔한 부손은 중국의 화첩을 보며 독학으로 그림을 그렸다.

문인화를 독학으로 체득한 후에 1757년 가을, 부손은 다시 교토로 돌아와 그림과 하이카이 작품 활동을 활발하게 전개했다. 그림과 하이카이로 상당한 명성을 얻은 부손은 45세의 늦은 나이로 결혼을 하고 딸 하나를 두게 된다. 이런 안정된 환경 하에서 부손은 그림과 하이카이의 세계에서 자신의 능력을 충분히 발휘하여 많은 대작을 낳게 된다. 결혼 후 10여 년 간에 걸쳐 부손은 활발한 작품 활동을 통해 명실 공히 타의 추종을 불허하는 위치를 확보하게 된다.

 1770년에는 주위 사람들의 강한 요청으로 스승인 소아가 만든 「야한테이夜半亭」의 사범으로 취임하게 된다. 이 소문을 듣고 전국의 유명한 하이카이 작가들이 문하생으로 들어오게 되고 하이카이의 세계에서 부손 일파를 무시 할 수 없게 된다. 1776년에는 하이카이의 대선배인 마쓰오 바쇼를 기리면서 교토의 히에이잔比叡山 산기슭에 있는 곤푸쿠지金福寺라는 절의 경내에 바쇼안芭蕉庵이라는 암자를 재건했다.

 부손은 만년에도 그림, 하이카이 양 분야에 있어 정력적으로 작품 활동을 하다가 1783년 9월 와병으로 병상에 눕게 된다. 1783년 12월 25일 새벽에 제자들이 지켜보는 가운데 임종을 맞이하게 된다. 그의 유골은 병상에 누워 있으면서 유언처럼 남긴 "나도 죽어서 바쇼옆에 묻히리 마른 억새풀我も死して碑に辺せむ枯尾花"이라는 작품 내용대로 곤푸쿠지金福寺 경내에 있는 바쇼안芭蕉庵 옆에 묻혔다.

번역에 즈음하여

우리나라에서도 일본 하이쿠에 대한 관심이 높아지면서 연구서적과 번역 작품이 출판되어 관심을 끌기 시작했다. 하이쿠의 특징이라 할 수 있는 짧은 시의 형태(5·7·5 음수율로 이루어졌으며 총 17자로 되어 있음)와 함축성 있는 내용, 계절감을 기조로 하고 있다는 점등이 우리나라 사람들에게 관심을 끌기에 충분하기 때문이다.

이런 특징을 살려주면서 번역을 해야 하는데, 언어체계가 다르고 운율이 상이하기 때문에 번역 상 어려움이 많다는 점을 교려에 넣고 우리말로 옮기기 위해 역자 나름대로의 원칙을 밝혀둔다.

① 음수율은 하이쿠의 5·7·5에 맞추어 우리말도 5·7·5로 번역했다. 하이쿠의 제일 큰 특징이라 할 수 있는 정형시의 느낌을 전달하기 위해서이다.

② 하이쿠의 또 하나의 특징 중 계어가 있는데, 각 구마다 끝에 계어를 명시했다. 계어가 우리나라 계절 상징어와 다를 수 있으나 원작의 말을 그대로 번역해 두었다.

③ 하이쿠의 기법 중 기레지(切字)는 원작의 의도를 전달하기 위해 <~로다><~구나><~여> 등으로 옮기도록 노력했으나 우리말로 옮기는 과정에서 음수율 때문에 다르게 번역한 경우도 있다. 아울러 원 작품에는 띄어쓰기가 되어 있지 않으나 하이쿠의 리듬인 5, 7, 5를 강조하기 위해 편의상 세 줄로 띄워서 표기했다.

④ 작품 선별은 전체적인 이미지의 배합을 고려해 시대, 계절 등을 무시하고 역자 나름대로의 주관에 의해 골랐다.

⑤ 각 작품은 우리말 번역, 해설, 원작 순으로 실었다. 원 작품은 현대 일본어와 표기가 다를 수가 있으나 텍스트로서의 역할을 고려하여 당시 표기대로 실었다. 해설은 너무 길어지지 않도록 노력했으나, 하이쿠가 상징성이 강하기 때문에 감상을 방해하지 않는 범위 내에 시 길이를 조성했다.

⑥ 요사 부손 한 사람의 작품만을 골랐는데, 일본 하이쿠의 진수를 음미하는데 있어 우리나라 사람들에게 가장 이해하기 쉬운 작가라고 판단했기 때문이다.

모쪼록 이 번역서를 통해 일본인의 사고의 틀과 언어 표현의 방법을 이해하는데 도움이 되길 바란다. 아울러 자연파괴와 인간소외가 심각해져가고 있는 오늘날 이 책을 통해 자연의 아름다움과 인간의 소중함을 다시 한 번 생각 할 수 있는 계기가 될 수 있기를 기원해 마지않는 바이다.

목차

- 하이쿠 / 001
- 하이쿠의 유래 / 003
- 요사 부손 / 007
- 번역에 즈음하여 / 010

Ⅰ 봄 … 015

하얀 매화에 기타노의 찻집에 쉬는 씨름꾼 / 매화꽃 피어 오비※사는 무로※의 기생이로다
홍매화꽃이 떨어져 불타누나 말 똥 위에서 / 다리는 없고 해는 지려고 하는 봄의 시냇가
걸음 재촉해 교토를 지나치는 우렁이 장수 / 꿩이 울도다 비탈을 내려가면 내 머물 숙소
그림 위에다 분을 떨구고 가는 봄 제비로다 / 부모님들이 접어주지 않았나 히나인형 코
인형 가게가 불을 끌 무렵이여 봄비 내리고 / 봄비 내리네 사람 살아 연기가 벽에서 샌다
봄비 내리네 해변가 작은 조개 적실 정도로 / 밭을 간다네 구름도 어느 샌가 사라졌도다
딴 나라 배가 그냥 지나쳐 가는 봄 안개로다 / 봄 바다 물결 온종일 너울너울 한가롭도다
아지랑이여 이름 모를 벌레가 하얗게 난다 / 님의 집 담장에 냉이 꽃 가련하게 피어 있도다
잠깐 졸다가 깨어보니 봄날이 저물었도다 / 긴 봄 햇살에 꿩이 내려 앉았네 강다리 위에
해가 긴 봄날 메아리 들려오는 교토 변두리 / 늦은 봄날이 쌓여서 아득해진 옛날이로다
해 저문 봄날 귀가하긴 아직 먼 사람만 많네 / 하얀 팔꿈치 스님이 졸고 있네 봄날 초저녁
구름을 마시고 꽃잎을 토해내는 요시노산아 / 벚꽃 구경에 아리따운 여인은 배가 고프다
꽃내음이여 사가의 등불 빛이 꺼져 갈 무렵 / 여우가 우네 차가운 유채 밭에 드리운 석양
유채꽃이여 달님은 동쪽에서 해는 서쪽에 / 맴돌며 나는 설레는 마음이여 어미 참새들
헤엄 칠 때에 의지할 곳 없는 듯 개구리 자태 /
낮에는 해 져라 밤에는 날 새라고 우는 개구리 / 진달래 들판 뜻하지 않은 곳에 파란 보리 밭
가는 봄이여 찬자撰者를 원망하는 노래 주인공 / 가는 봄이여 피기를 망설이는 철 늦은 벚꽃
색도 향기도 뒷모습 뿐이로고 삼월 그믐날

Ⅱ 여름 … 085

까만 개미가 선명히 보이도다 하얀 모란꽃 / 모란꽃 꺾어 마음이 침울해진 저녁이로다
후지산 만을 하얗게 남겨 놓은 신록이로다 / 여기저기서 폭포소리 들리는 연두 빛 신록
찔레꽃나무 고향의 길거리와 빼 닮았구나 / 유랑극단의 이삭 팬 보리밭에 세운 경대여
짧은 밤이여 파도치는 바닷가 버린 화톳불 / 짧은 밤이여 갈대밭을 흐르는 게들의 거품
제비 붓꽃에 철퍼덕 솔개 놈이 똥 싸고 가네 / 오월 장마에 미즈(水)의 오두막은 잠깨기 일쑤
긴 장맛비여 큰 강을 앞에 두고 집이 두어 채 / 오월 장마에 푸른 바다 사이로 치닫는 탁류
파란 매실에 눈썹을 찡그리는 미인이로다 / 오포소리에 모심기 소리마저 멎어 버렸네
얇은 미틴웃 소매 녹을 기어가는 반딧불인가 / 여름 냇물을 건너는 기쁨이여 손엔 조리신
은어를 주고 그냥 가버린 친구 한밤중 대문 / 비개인 달밤 누가 밤낚시하나 하얀 정강이
모기가 우네 인동초 꽃잎들이 떨어질 때마다 / 모기장 속에 반딧불 풀어놓고 아! 즐겁구나
새하얀 얼굴 아이 보니 기쁘네 아기 모기장 / 모깃불 빛에 얼굴색이 붉어진 여인네로다
콜록거리는 스님의 기침소리 우는 뻐꾹새 / 어디서부터 돌팔매 날아왔나 여름 나무 숲
농부들만이 살아서 일을 하는 한더위로다 / 보기 좋아라 사랑하는 내 님의 새하얀 부채
여름 산이여 교토를 가로질러 나는 흰 백로

Ⅲ 가을 … 141

가을이 왔네 뭔가에 짐짓 놀란 점쟁이로다 / 모기장 너머 귀신을 퇴치하는 입추 날 아침
너 댓명 위에 달 그림자 기우네 춤 이어지고 / 달도 기울어 누구나 지쳐버린 춤판이로다
번개가 치자 대 숲에 맺힌 이슬 떨어지도다 / 밑둥 빠진 채 통이 나뒹구르네 가을 태풍에
처도 자식도 절에서 얻어먹는 태풍이로다 / 산엔 해지고 들엔 황혼빛깔의 참억새로다
찔레는 늙고 억새는 여위었네 싸리는 이제 / 흰 이슬이여 찔레나무 가시에 하나씩 맺혀
벚꽃이 없는 당나라도 떴겠지 오늘밤 이 달 / 나카마로의 제사를 지내 줄까 오늘밤 달님
아침 안개가 마을에 가득한 데 시장 통 소리 / 잠자리 떼여 고향 그리웠다네 하얀 벽 색깔
밭에 떨어져 밭으로 흘러가네 가을 밭의 물 / 가을바람에 마른 생선 내다 건 바닷가 어촌
가을바람아 주막서 시를 읊는 어부와 초부(樵夫) / 애달픔이여 낚시 줄을 스치는 가을 찬 바람
화로에 태워 연기를 맡아보는 단풍이로다 / 철새 찾아와 우는 소리 기쁘다 나무 채양에
도요새 무리 날으니 가을 하늘 낮아 보이네 / 이삭 주우며 햇살 비치는 데로 걸어서 간다

Ⅳ 겨울 … 187

초겨울이여 날씨 화창해졌네 교토의 외곽 / 그리운 님의 발자욱 소리 머언 낙엽이로다
낙엽 떨어져 멀어져 가는구나 절구질 소리 / 겨울바람에 무얼 먹고 사는가 초가 다섯 채
겨울바람에 바위에 부딪쳐서 찢긴 물소리 / 백로는 젖고 학에는 해 비치네 초겨울 찬비
재워달라고 칼을 불쑥 내미네 눈보라 속에 / 마른 정강이 병석에서 일어선 학과 같도다
도끼질 하다 향기에 놀라도다 겨울나무들 / 파란 파를 사 마른 나무 사이를 돌아오누나
황량한 겨울 북향집 그늘진 곳 부추를 뜯네 / 도깨비불이 금방 옮겨 붙을 듯 마른 억새풀
비파나무 꽃 새들도 오지 않고 해 저물었네 / 코를 골면서 뒤척이는 모습이 해삼 같도다
잿속 화롯불 피어있나 꺼졌나 엄마 곁에서 / 허리를 다친 아내가 고와뵈는 고다쓰런가
업힌 아기의 깊숙한 두건 속의 고운 눈동자 / 버선을 신고 자는 밤 불유쾌한 꿈만 꾸도다
후지산 보며 지나는 사람 있네 세밑 시장터 / 저무는 해여 쓰레기 흘러가는 사쿠라 강가
수선화 꽃에 여우가 노니누나 초저녁 달밤 / 바쇼가 죽고 그 후론 아직까지 해가 안 지네
나도 죽어서 바쇼芭蕉 옆에 묻히리 마른 억새풀

• 색인 / 235

봄

하이쿠 요사 부손与謝蕪村의 봄, 여름, 가을, 겨울

하얀 매화에

기타노의 찻집에

쉬는 씨름꾼

기타노 텐만구(北野天滿宮, 교토에 있는 신사로 학문의 신이라 할 수 있는 후지와라 미치자네를 모시고 있다)는 매화 숲으로 유명한데 지금 한창 백매화가 피어 많은 사람들로 붐비고 있다. 매화를 즐기러 오는 사람들을 위해 만들어진 찻집에 덩치가 큰 씨름꾼이 앉아 쉬고 있다. 당연히 사람들의 눈길을 끌 수밖에 없다. 학문의 신을 모시는 신사와 육체적인 운동의 상징인 씨름꾼과의 대조가 참신하다고 할 수 있다.

계어는 **매화** – 봄

하이쿠 요사 부손与謝蕪村의 봄, 여름, 가을, 겨울 17

しら梅(うめ)や

北野(きたの)の茶屋(ちゃや)に

すまひ取(とり)

매화(백)

매화꽃 피어

오비帶 사는 무로室의

기생이로다

매화꽃이 피어 봄기운이 돌기 시작하는 계절이다. 무로室는 옛날부터 세토나이카이瀬戶內海에서 손꼽히는 항구로 무로쓰室津, 무로노쓰室の津, 무로노토室のア 라고도 불리워졌다. 배가 많이 드나드는 항구이기 때문에 자연발생적으로 유곽이 성행하기 마련인데 특히 이곳의 유곽은 유명하다. 봄이 와서 항구에 배들의 출입이 많아지자 유곽의 기생들도 봄맞이 준비에 분주한데, 일본 전통 의상의 허리띠인 오비帶를 고르는 기생의 모습에서 봄의 기운을 느끼고 있다.

계어는 **매화** – 봄

梅_{うめさい}咲て

帯_{おび}買_かふ室_{むろ}の

遊女_{ゆうじょ}かな

홍매화꽃이

떨어져 불타누나

말 똥 위에서

길 위에 말똥이 떨어져 있다. 그 말똥 위에 붉은 홍매화꽃이 떨어져 마치 금방이라도 불타오를 것 같은 느낌이 든다. 매화를 향기로 다루지 않고 붉은 시각적인 면을 강조한 점이 특이로우며, 똥糞 등의 표현을 작품에 그대로 내어 놓음으로써 하이쿠의 서민성을 잘 나타내 준다고 할 수 있다.

계어는 **홍매화꽃** – 봄

요사 부손与謝蕪村의 봄, 여름, 가을, 겨울 21

紅梅の
こうばい

落花燃らむ
らっか　もゆ

馬の糞
うま　　ふん

매화(홍)

다리는 없고

해는 지려고 하는

봄의 시냇가

눈 녹은 물이 흘러내린 탓인지 봄을 맞이한 시냇가에 강물이 많이 불었다. 봄기운을 느끼려고 시냇가에 나와 오솔길을 걷다보니 어느덧 해질 무렵이 되었다. 수면에 비친 저녁 햇살이 봄기운으로 따사롭게 느껴진다. '어디 시내를 건너 저편으로 가 볼까'하고 아무리 살펴보아도 건널 만한 다리는 보이질 않는다. 수량이 늘어 옷자락을 걷고 물을 건너기엔 너무 깊다. 체념하고 돌아오는 작중인물은 어떤 원망도 없다. 그저 한가로운 봄날을 즐기는 것만으로 만족해하는 작중인물의 표정을 읽을 수 있다.

계어는 **봄의 시냇물** – 봄

橋はしなくて
日暮ひぐれんとする
春はるの水みづ

시냇물

걸음 재촉해

교토를 지나치는

우렁이 장수

봄이 되면 도성인 교토는 많은 관람객으로 북적인다. 구경꾼들의 느긋한 걸음걸이와는 반대로 우렁이 장수는 빠른 걸음으로 지나쳐 간다. 도성의 구경꾼들이 지닌 여유는 찾을 수 없고 오로지 생업을 위해 열심히 뛰고 있는 상인의 모습이 작자의 눈에는 대조적으로 비쳐진 것 같다. 농촌 태생인 작자의 눈에 비친 소시민들의 생활상을 읊은 구이다.

계어는 **우렁이** - 봄

そこそこに
京見過しぬ
田にし売

꿩이 울도다

비탈을 내려가면

내 머물 숙소

해질 무렵에 산길을 걷노라니 어딘가에서 꿩이 우는소리가 들려온다. 해지기 전에 걸음을 재촉하며 비탈길을 걷고 있던 나그네는 안도의 숨을 쉬게 된다. 이 비탈길만 내려가면 오늘 밤 묵어 갈 숙소가 있음을 알고 있기 때문이다. 외로운 산길을 홀로 걷던 불안감과 초조감에서 벗어나 내리막길로 접어들면서, 머지않아 숙소에 닿을 수 있다는 안도감으로 발걸음이 가벼워지고 있음을 예측할 수 있다.

계어는 **꿩** – 봄

雉子
　子啼や

坂
　を下
　　りの

駅舎
　　たびやどり

꿩

그림 위에다

분을 떨구고 가는

봄 제비로다

오쓰에(大津絵. 에도시대 때 오미지방의 오쓰에서 팔기 시작한 민화의 일종으로 휘갈겨 그린 그림이다. 처음에는 주로 불화가 위주였으나 나중에는 순수 회화가 주종을 이룸)가 가게에 진열되어 있다. 펼쳐진 그림 위에 제비가 똥을 떨어뜨리고 어디론가 날아가 버렸다.

계어는 **제비** – 봄

大津絵に
糞落しゆく
燕かな

제비

부모님들이

찝어주지 않았나

히나인형 코

히나(雛) 인형은 음력 3월 3일날 여자아이가 있는 집에서 인형을 장식하고 아이가 여자답게 잘 커주기를 기원하는 히나마쓰리(雛祭り)에 쓰이는 인형을 가리킨다. 히나인형의 코가 이상하게 낮고 찌그러져 있다. 아이가 콧대가 없으면 부모들이 콧대를 세운다며 코를 찝어 주는 민간의 풍습이 있는데 이 인형의 코도 부모님들이 찝어 주지 않았기 때문이리라고 짐작하고 있다.

계어는 **히나인형** – 봄

たらちねの
抓(つま)までありや
雛(ひな)の鼻(はな)

히나인형(古今雛)

인형 가게가

불을 끌 무렵이여

봄비 내리고

음력 3월 3일 날의 여자아이들 축제인 히나마쓰리雛祭り에 사용할 히나雛 인형을 파는 가게도 밤이 깊어 서서히 문 닫을 준비를 하고 있다. 사람의 통행이 드물어 적막한데 밤 공기를 가르며 조용히 봄비가 내리고 있다. 불을 끄기 전의 분주한 느낌이 한 층 더 강하게 느껴지는 구이다.

계어는 **봄비** – 봄

雛見世の
ひなみせ

灯を引ころや
ひ ひく

春の雨
はる あめ

봄비 내리네

사람 살아 연기가

벽에서 샌다

오랫동안 폐가가 되어 사람이 살지 않았는데, 누군가 집 없는 사람이 들어와 사는지 연기가 벽 사이로 새어 나온다. 때마침 가느다란 봄비가 내려 하늘로 빨려들어 가듯이 연기가 하늘로 올라간다. 봄비 내리는 흐린 하늘과 그 사이로 스며드는 하얀 연기와 낡은 폐가가 자아내는 분위기는 한 폭의 남종화를 보는 듯한 느낌이 든다. 시인이자 화가인 작가의 특징을 잘 나타내 주는 작품이라 할 수 있다.

계어는 **봄비** – 봄

春雨や
人住みて煙
壁を洩る

봄비 내리네

해변가 작은 조개

적실 정도로

가느다란 봄비가 보슬보슬 내린다. 그리 넓지 않은 자그마한 해변가 모래사장에 작은 조개들이 보슬비를 맞아 윤기를 띠고 있다. 보슬비이기 때문에 내린다는 느낌을 느끼지 못했는데 조개들의 젖은 모습을 보고 조개가 젖을 정도로 쪼끔 비가 내렸음을 뒤늦게 깨달았다고 볼 수 있겠다.

계어는 **봄비** – 봄

요사 부손与謝蕪村의 봄, 여름, 가을, 겨울

春雨_{はるさめ}や

小礒_{こいそ}の小貝_{こかい}

ぬるるほど

밭을 간다네

구름도 어느 샌가

사라졌도다

따사로운 봄 하늘에 하얀 구름이 떠 있다. 전혀 움직일 것 같지 않은 구름이다. 그런데 밭을 갈다가 잠시 일손을 멈추고 하늘을 보니 어느 새 구름이 사라져 버렸다. 농부는 다시 밭을 일구고 농부의 등 뒤에는 따사로운 봄 햇살이 내려 쪼일 뿐이다. 열심히 땀 흘리며 밭을 가는 농부의 모습과 한가로이 내려 쬐는 태양이 잘 조화되어 목가적인 분위기를 자아낸다.

계어는 **밭을 간다** - 봄

畑うつや
うごかぬ雲も
なくなりぬ

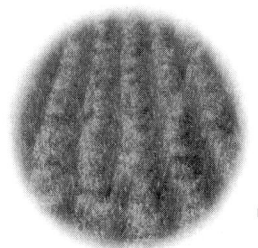
밭

딴 나라 배가

그냥 지나쳐 가는

봄 안개로다

아득히 바다 저쪽에 봄 안개가 자욱하다. 그 안개사이로 지금까지 본 적이 없는 이국적인 분위기의 배가 나타났다. 그 배의 모습을 보니 아무래도 일본 배는 아닌 것 같고 아마도 한국이나 중국 배인가 보다. 그 배가 다가오는구나 하고 호기심어린 눈빛으로 보고 있자니 어느덧 멀어져 안개 저 편으로 사라져 버렸다. 봄 안개 사이로 보이다 사라진 이국선의 모습이야말로 몽환적夢幻的 분위기를 자아낸다고 하겠다.

계어는 **봄 안개** – 봄

高麗舟の
よらで過ぎ行く
霞哉

봄 안개

봄 바다 물결

온종일 너울너울

한가롭도다

하늘거리는 아지랑이 사이로 넓은 바다와 수평선과 맞닿은 하늘이 펼쳐져 있다. 파란 바닷물을 헤치고 얕은 파도가 하루 종일 한가로이 넘실대는 풍경을 읊은 회화적인 구이다.

계어는 **봄 바다 물결** – 봄

春の海
　はる　うみ

終日のたり
ひねもす

のたり哉
　　　かな

바다물결

아지랑이여

이름 모를 벌레가

하얗게 난다

넓은 들판에 아지랑이가 하늘하늘 흔들리고 있다. 따사로운 봄 햇살을 맞으며 이름을 알 수 없는 벌레들이 햇빛을 향해 하얗게 날아다니고 있다. 벌레가 햇살을 향해 날아드는 장면을 포착했다는 점이 신선하게 느껴진다.

계어는 **아지랑이** - 봄

陽炎や
　　かげろふ
名もしらぬ虫の
　な　　　　むし
　　白き飛ぶ
　　しろ　と

아지랑이

님의 집 담장에

냉이 꽃 가련하게

피어 있도다

사랑하는 님의 집을 찾아갔더니 울타리 담장에 냉이 꽃이 피어있다. 냉이 꽃은 꽃이라고 할 만한 가치도 없는 초라한 것이지만 수수하게 피어있는 모습이 가련하다. 일본에서는 냉이를 샤미센구사三味線草라고 하는데 그 이유는 냉이 꽃 열매가 작고 삼각형인데 그 모습이 일본 전통악기인 샤미센을 퉁길 때 사용하는 발목撥木을 닮은 데에서 유래 되었다. 갸날프고 가련한 음색을 상징하는 샤미센과 가련한 냉이 꽃 을 오버랩 시켜 풍경을 훨씬 운치있게 표현하고 있다.

계어는 **냉이꽃** – 봄

妹(いも)が垣根(かきね)

さみせん草(ぐさ)の

花咲(はなさき)ぬ

냉이꽃

잠깐 졸다가

깨어보니 봄날이

저물었도다

긴 긴 봄의 햇살을 맞으며 무료함을 달래다가 나도 모르게 잠이 들어 버렸다. 왠지 으스스 차가운 공기를 느껴 눈을 떠보니 어느새 날이 저물었다. 한가로운 저녁 햇살과 평화로이 졸고 있는 작중인물의 모습이 봄의 정취를 더해준다.

계어는 **봄날** – 봄

うた${}^{ね}_{}$寝の

さむれば${}^{はる}_{}$春の

${}^{ひ}_{}$日 くれたり

긴 봄 햇살에

꿩이 내려 앉았네

강다리 위에

봄에는 낮이 길어서 해지는 시각이 늦다. 좀처럼 해가 지지 않는 늦은 시각에 평소에는 산 속에서 숨어 지내는 꿩이 봄날의 무료함을 달래기 위해 강에 놓인 다리위로 날아와 한가로이 앉아 있다. 다리 위에서 먹이를 쪼으며 나래짓을 하고 있는 꿩의 모습과 한가로운 봄 햇살과의 조화가 아름답다.

계어는 **긴 봄 햇살** – 봄

遅き日や
雉子の下りゐる
橋の上

봄햇살

해가 긴 봄날

메아리 들려오는

교토 변두리

봄은 해가 길게 느껴지는 계절이다. 실제는 여름 낮이 더 길지만 감각적으로는 봄날이 긴 것으로 느껴진다. 노곤한 봄 햇살로 지리할 정도로 권태로운 봄날에 한적하기 그지없는 교토의 변두리의 풍경이 더욱 권태로움을 자극한다. 그때 어디선가 정체를 알 수 없는 소리와 그 소리의 메아리가 권태로운 분위기를 깨고 들려온다. 그 이후에는 다시 정적이 감도는 노곤한 풍경만이 남으리라고 짐작할 수 있다.

계어는 **해가 긴 봄날** – 봄

遲(おそ)き日(ひ)や
谺(こだま)聞(き)こゆる
京(きょう)の隅(すみ)

늦은 봄날이

쌓여서 아득해진

옛날이로다

서序에 <옛날을 회상하며懷舊>라는 문구가 있다. 봄의 낮은 권태로울 정도로 길게 느껴지는 법이다. 그 권태로움을 달래기 위해 옛날을 회상하다 보니 그 시절이 아득한 옛날처럼 느껴진다. 좀처럼 해가 지지 않는 지리한 봄날들이 쌓이고 쌓여 오늘에 이르렀다고 생각하니 지난 날들이 훨씬 아득하게 느껴지는 것은 당연할 것이다.

계어는 **늦은 봄날** – 봄

하이쿠 요사 부손与謝蕪村의 봄, 여름, 가을, 겨울 55

遅(おそ)き日(ひ)の

つもりて遠(とお)き

むかしかな

해 저문 봄날

귀가하긴 아직 먼

사람만 많네

봄날은 따뜻하고 여러 가지로 사람들의 마음을 들뜨게 한다. 꽃구경이나 봄나들이를 왔다가 날이 저물려고 하는데도 집에 돌아갈 채비를 하는 사람이 별로 보이질 않는다. <귀가하긴 아직 먼>이라는 표현이 감각적으로 봄의 들뜬 마음을 잘 표현해 주고 있다.

계어는 **해 저문 봄날** – 봄

春の暮
<ruby>はる<rt></rt></ruby><ruby>くれ</ruby>

家路に遠き
<ruby>いへぢ</ruby> <ruby>とお</ruby>

人ばかり
<ruby>ひとばかり</ruby>

하얀 팔꿈치

스님이 졸고 있네

봄날 초저녁

고요한 승방僧房에서 초저녁부터 꾸벅 꾸벅 졸고 있는 스님이 있다. 긴 긴 봄날이 무료했었는지 팔 베게를 한 하얀 팔꿈치가 인상적이다. 회색빛의 승복과 하얀 팔꿈치의 대조가 선명하다. 속세를 떠나 세상 걱정거리가 없어야 할 스님이 수도에 전념하지 않고 하얀 팔꿈치를 내놓고 졸고 있는 모습이 우스꽝스럽기도 하지만 봄의 따사로운 공기가 스님까지 졸게 한다는 착상이 재미있다.

계어는 **봄날 초저녁** – 봄

　　　　　　ひぢしろ
　　　　　　肘白き

　　　　　そう　　　ね
　　　　　僧のかり寝や

　　　　　　よひ　はる
　　　　　　宵の春

구름을 마시고

꽃잎을 토해내는

요시노산아

서序에 <요시노산을 내려가는데 비바람이 세차게 불어>라는 문구文句가 있다. 요시노산은 옛날부터 벚꽃의 명소로 유명한데 세찬 비바람에 벚꽃 꽃잎이 휘날리는 모습이 마치 하늘이 꽃을 토해 내는 듯하다고 표현하고 있다. 꽃잎이 사방을 뒤덮어 마치 구름이 깔린 듯하다는 표현을 <구름을 마시고 꽃잎을 토해내는>이라고 표현한 점이 특이하다.

계어는 **꽃잎** - 봄

하이쿠 요사 부손与謝蕪村의 봄, 여름, 가을, 겨울 61

雲を呑んで
花を吐くなる
よしの山

꽃잎(요시노산)

벚꽃 구경에

아리따운 여인은

배가 고프다

꽃구경에 사람들의 마음은 들떠있다. 아름답게 차려입은 미인이 멀리서 꽃구경을 왔는지 발걸음도 지쳐 보인다. 보아하니 멀리 오느라 먹을 것을 제대로 챙겨먹지 못했는지 미인의 얼굴이 더욱 초췌해 보인다. <減却す>는 원래 중국의 두보의 시에서 나온 말로 꽃잎이 하나 떨어지면 그 만큼 봄날이 준다는 뜻인데, 여기서는 벚꽃 잎이 지면 그 만큼 여인의 배가 고파진다라고 해학적으로 읊고 있다.

계어는 **벚꽃구경** – 봄

さくら狩(がり)

美人(びじん)の腹(はら)や

減却(へりがえ)す

벚꽃

꽃내음이여

사가의 등불 빛이

꺼져 갈 무렵

벚꽃구경의 명소인 사가嵯峨 지방은 밤이 깊어 하나 둘씩 등불이 꺼져 가고 있다. 그런데 어디선가 어렴풋이 꽃향기가 새어나오고 있다. 낮 동안은 꽃구경을 온 사람들로 번잡하여 꽃향기를 맡을 수 없었으나 밤이 깊어 인적이 드물어지자 어디선가 아련하게 꽃향기가 코를 자극한다. 꽃花이라고만 말하면 고킨와카슈古今和歌集 시대에는 매화를, 신코킨와카슈新古今和歌集 시대에는 벚꽃을 상징했는데, 여기서는 사가지방을 지칭하고 있기 때문에 벚꽃으로 볼 수 있다. 벚꽃에는 향기가 없는 줄 알고 있는 사람이 많은데 매화만큼 짙은 향기는 아니지만 주의하여 맡아보면 아주 은은한 약한 향기가 있다. 이 작품의 표면에는 나타나 있지 않지만 마을 전체를 메우고 있는 벚꽃이 밤이 되어 더욱 현란함을 자랑하고 있음을 짐작할 수 있다.

계어는 꽃 – 봄

花の香や
嵯峨のともし火
消る時

여우가 우네

차거운 유채 밭에

드리운 석양

어딘가에서 캥캥하고 울부짖는 여우의 울음소리가 들려온다. 따사롭 던 봄 햇살도 서서히 약해져 석양 무렵이 되어 차게 느껴진다. 들판 가득히 피어있는 노란 유채꽃도 저녁 공기 문인지 차게 느껴진다. 노란 꽃은 원래 따사로운 느낌을 주는 빛깔인데, 석양 무렵의 유채꽃 은 왠지 차게 느껴진다는 점에 착안을 한 것 같다.

계어는 **유채꽃** – 봄

狐<ruby>啼<rt>きつねない</rt></ruby>て

なの<ruby>花寒<rt>はなさむ</rt></ruby>き

<ruby>夕<rt>ゆう</rt></ruby>べ<ruby>哉<rt>かな</rt></ruby>

유채꽃

유채꽃이여

달님은 동쪽에서

해는 서쪽에

넓은 평야에 노란 유채꽃이 가득 피어 있다. 지평선이 맞닿은 넓은 유채 밭에 뉘엿뉘엿 해가 지려는 순간에 동쪽하늘에는 달님이 살짝 얼굴을 내밀고 있다. 해와 달, 동과 서의 대비를 통해 유채꽃이 핀 넓은 평야를 더욱 넓게 표현하는 효과를 가져다주었다고 할 수 있다.

계어는 **유채꽃** - 봄

菜　の　花　や
な　　はな

月　は　東　に
つき　　ひがし

日　は　西　に
ひ　　にし

맴돌며 나는

설레는 마음이여

어미 참새들

둥지를 떠난 참새 새끼가 나는 연습을 한다. 어미 참새가 새끼참새의 전후좌우를 날아다니는 모습 속에 한편에서는 가슴 설레이는 기쁨이, 또 다른 한편에서는 불안과 초조가 엿보이기 마련이다. 참새는 일반적으로 부화 후 2주일정도 지나면 날개가 나서 둥지에서 나는 연습을 하는데, 이때 10일정도 어미 새가 따라다니며 새끼를 보호하고 벌레나 먹이를 찾는 법을 가르친다. 어미 참새와 새끼 참새가 나는 모습을 보고 어미 새의 마음을 읽어낸 점이 재미있다.

계어는 **제비** – 봄

하이쿠 요사 부손与謝蕪村의 봄, 여름, 가을, 겨울 71

飛かはす
やたけ心や
親すずめ

참새가족

헤엄 칠 때에

의지할 곳 없는 듯

개구리 자태

봄이 되면 겨울잠을 깬 개구리들이 논이나 시냇가에 많이 눈에 뜨인다. 개구리가 가느다란 사지를 쭉 펴고 물 속을 헤엄칠 때 보면 몸을 쭉 펴서 전진을 했다가는 물에 흘러 떠내려간다. 그 모습을 보고 있으며 아마 버티고 의지할 만한 곳이 없기 때문이 아닐까하고 궁금해진다. 개구리의 자태를 섬세하게 관찰하여 읊은 작품으로 화가이기 때문에 가능한 표현이라 할 수 있다.

계어는 **개구리** – 봄

하이쿠 요사 부손与謝蕪村의 봄, 여름, 가을, 겨울 73

およぐ時
よるべなきさまの
蛙かな

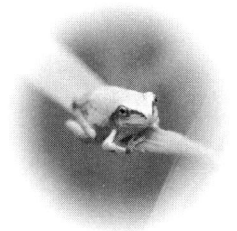
개구리

낮에는 해 져라

밤에는 날 새라고

우는 개구리

개구리가 밤낮없이 소란하게 울어대는 계절이 왔다. 아마도 낮에 우는소리는 해가 빨리 저물라고 우는 것 같고, 밤에는 날이 빨리 새라고 우는 듯하다. 우리가 흔히 청개구리의 속성을 늘 거꾸로만 행동한다고 알고 있는데 이러한 속설을 염두에 두고 읊었을지도 모르겠다.

계어는 **개구리** – 봄

日は日くれよ

夜は夜明けよと

啼蛙

진달래 들판

뜻하지 않은 곳에

파란 보리 밭

진달래꽃이 들판 가득히 분홍빛으로 아름답게 피어있다. 진달래꽃을 감상하며 아무리 걸어도 온통 꽃으로 덮여 있다. 그런데 조금 더 가다 보니 언덕으로 덮여 보이지 않던 파란 보리밭이 펼쳐진다. 예상치도 못했던 곳에 파란 보리밭을 보고 이 깊숙한 곳까지 누가 와서 보리농사를 짓는가 의아해 하고 있는 작중인물의 모습이 눈에 선하다.

계어는 **진달래** – 봄

하이쿠 요사 부손与謝蕪村의 봄, 여름, 가을, 겨울 77

つつじ野や
あらぬ所に
麦畠

진달래(들판)

가는 봄이여

찬자撰者를 원망하는

노래 주인공

봄이 저물어 가고 있다. 새삼스레 원망한들 별 수도 없지만 자기 나름대로 자신만만했던 자기 노래를 무슨 이유로 이번 칙찬집(勅撰集 : 천황의 명령으로 엮어진 와카작품집)에 넣지 않고 낙선시켰는지 그 찬자(撰者 : 칙찬집을 만들 때 많은 와카들 중에서 좋은 작품을 고르는 사람)를 원망하고 있는 노래의 작자를 홀로 두고, 아쉬움만 남기고 떠나가는 봄을 낙선한 와카의 작자에 빗대어 표현한 작품으로 착상이 재미있다고 할 수 있다.

계어는 **가는 봄** - 봄

行春や
＜ゆくはる＞

撰者を恨む
＜せんじゃ＞＜うら＞

哥の主
＜うた＞＜ぬし＞

가는 봄이여

피기를 망설이는

철 늦은 벚꽃

봄이 서서히 끝나갈 무렵 나날이 짙어가는 신록들 사이에 때늦은 벚꽃이 피고 있다. 원래 벚꽃은 나뭇잎들이 돋아나기 전에 피는데 철이 늦은 벚꽃이 연두 빛 신록사이에 피어 또 다른 분위기를 자아내고 있다. 올해 벚꽃을 보는 것도 이제 마지막이구나 생각하니 떠나가는 봄이 아쉽기 그지없다.

계어는 **철늦은 벚꽃** - 봄

하이쿠 요사 부손与謝蕪村의 봄, 여름, 가을, 겨울 81

ゆく春(はる)や
逡巡(しゅんじゅん)として
遅(おそ)ざくら

철늦은 벚꽃

색도 향기도

뒷모습 뿐이로고

삼월 그믐날

아름다운 빛깔로 자태를 뽐내던 꽃들도, 향기로운 냄새를 발하던 꽃들도 이제는 다 지나고 뒷모습만 남기고 있다. 음력 3월 그믐날은 절기상으로 봄이 끝나는 날인 셈이다. 사라져가는 봄을 아쉬워하며 읊은 작품으로 봄을 의인화하여 표현한 점이 신선하다.

계어는 **삼월 그믐날** – 봄

하이쿠 요사 부손与謝蕪村의 봄, 여름, 가을, 겨울 83

色も香も
　いろ　か

うしろ姿や
　　　すがた

弥生尽
やよひじん

여름

하이쿠 요사 부손與謝蕪村의 봄, 여름, 가을, 겨울

까만 개미가

선명히 보이도다

하얀 모란꽃

하얀 모란꽃이 햇살을 받으며 아름답게 피어있다. 큰 꽃잎을 자랑이라도 하듯이 아름다운 자태를 뽐내고 있다. 그런데 뭔가 까만 점 같은 것이 보여 자세히 살펴보니 산개미 한마리가 기어가고 있는 것이었다. 하얀 모란꽃과 까만 산개미의 대조를 통해 각각의 소재를 더욱 생동감 있게 강조하는 효과를 내고 있다.

계어는 **하얀 모란꽃** – 여름

山蟻の

あからさまなりり

白牡丹

모란꽃

모란꽃 꺾어

마음이 침울해진

저녁이로다

탐스러운 모란꽃이 아름다운 자태로 피어있다. 누군가가 꽃 한 송이를 꺾어 달라고 부탁했는데 아까워서 좀처럼 꺾을 수가 없었다. 저녁 무렵이 되어 겨우 꺾어 보니 꽃의 기운이 눈에 보이게 약해졌다. 해가 저문 탓인지 아니면 꺾여져 아쉬운 탓인지 알 수 없으나 작자도 가슴이 메어져 힘이 빠져 버렸다. 멍하니 시든 꽃을 바라보고 있자니 어두움이 작자를 감싸고 있다.

계어는 **모란꽃** - 여름

牡丹(ぼたん)切(き)て
気(き)の衰(おとろ)ひし
ゆふべ哉(かな)

모란꽃

후지산 만을

하얗게 남겨 놓은

신록이로다

후지산을 바라다보니 주변이 모두 파란 신록으로 뒤덮여 있다. 그런데 유독 후지산의 정상에는 만년설이 그대로 남아있어 마치 파란 신록으로 메우다가 채 메우지 못한 채로 남겨둔 느낌이 든다. 후지산 정상의 백색과 신록의 푸르름이 좋은 대조를 이루고 있는 작품이다.

계어는 **신록** – 여름

不二ひとつ
　ふじ

埋みのこして
　うづ

若葉哉
わかばかな

신록(여름후지산)

여기저기서

폭포소리 들리는

연두 빛 신록

산을 가득 메운 연두 빛 신록 때문에 폭포가 어디에 있는지 알 수 없지만 여기저기서 들려오는 폭포 물 소리가 싱그러운 신록에 생명감을 더해 준다. 신록을 가지고 시각적인 표현을 나타내긴 쉬우나 청각적인 표현을 가미함으로써 신록이 지닌 싱그러움을 보다 더 싱그럽게 느끼게 해 준다.

계어는 **신록** – 여름

をちこちに
滝の音聞く
若ばかな

신록(폭포)

찔레꽃나무

고향의 길거리와

빼 닮았구나

나그네가 길을 가는데 길가에 찔레꽃이 만발해 있다. 찔레꽃을 보고 작자는 갑자기 고향생각에 잠긴다. 옛 생각에 젖어 갑자기 어린 시절로 돌아가 옛날을 회상해 본다. 하얀 찔레꽃 사이로 금방이라도 옛날 친구들이 나타날 것 같은 생각이 들어 멈춰서 있는 작자의 모습이 눈에 선하다.

계어는 **찔레꽃** – 여름

하이쿠 요사 부손与謝蕪村의 봄, 여름, 가을, 겨울 95

花<small>はな</small>いばら

故郷<small>こきょう</small>の路<small>みち</small>に

似<small>に</small>たる哉<small>かな</small>

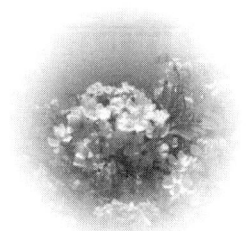

찔레꽃

유랑극단의

이삭 팬 보리밭에

세운 경대여

유랑극단이 마을을 찾아와 가설무대를 짓고 공연을 하고 있다. 초라한 가설무대에서는 배우들이 무언가 열심히 공연을 하고 있고 무대 뒤에서는 출연 순서를 기다리는 배우들이 거울을 보며 화장에 열중하고 있다. 가설무대인지라 대기실이 없어 노천에 경대를 세우고 화장을 하는데 거울 속에는 이삭이 팬 보리가 여린 수염을 하늘거리며 비치고 있다. 풍요로운 들판의 모습과 우스꽝스럽게 화장한 유랑극단 배우의 모습과 초라한 가설무대가 하나의 구도 속에 잡혀 있는 회화적인 작품이다.

계어는 **이삭 팬 보리** – 여름

_{たび しばい}
旅芝居

_{ほむぎ}
穂麦がもとの

_{かがみ}
鏡たて

보리(이삭)

짧은 밤이여
파도치는 바닷가
버린 화톳불

뿌옇게 여름밤이 밝을 무렵에 파도치는 해변 가에 화톳불이 버려져 있다. 어젯밤 이 해변 가에서 화톳불을 켜 놓고 무엇을 했는지 알 수 없지만 여름밤이 짧기 때문에 아직도 그 불씨가 남아있음을 암시하고 있다. 여름밤이 짧다는 것을 남아있는 화톳불로 상징했다는 것이 신선하다.

계어는 **짧은 밤** – 여름

短夜や
浪うち際の
捨篝

짧은 밤이여

갈대밭을 흐르는

게들의 거품

짧은 여름밤이 밝아올 무렵 바다가 가까운 강기슭에 갈대가 무성하게 자라있다. 그 파란 갈대밭 사이를 하얀 게거품을 품고 게들이 흘러가고 있다. 짧은 여름밤의 허무함과는 대조적으로 새날을 맞아 잠에서 깨어 활동을 개시하는 게들의 모습이 역동적으로 느껴진다.

계어는 **짧은 밤** – 여름

みじかよ
短夜や

あし ま なが
芦間流るる

かに あわ
蟹の泡

제비 붓꽃에

철퍼덕 솔개 놈이

똥 싸고 가네

초여름의 따사로운 햇살을 받아 제비 붓꽃이 짙은 보라색으로 가득히 피어있다. 그때까지 하늘 높이 날던 솔개 한 마리가 나래를 쉬려고 나무 가지에 내려앉는가 싶더니 철퍼덕하고 제비붓꽃의 꽃잎에 하얀 똥을 싸고 다시 날아올랐다. 제비붓꽃의 보라색과 솔개의 하얀 똥의 색깔이 좋은 대비를 이루고 있다.

계어는 **제비붓꽃** – 여름

かきつばた

べたりと鳶の

たれてける

제비붓꽃

오월 장마에
미즈美豆의 오두막은
잠깨기 일쑤

음력 오월에 내리는 일본 특유의 장맛비는 며칠이고 끊임없이 내리는 경우가 많다. 저지대인 미즈(美豆 : 교토의 동남쪽을 가리키는 지명으로 강이 두개가 합류하는 저지대이다)는 주거환경으로 적합치 않은데 오갈데 없는 가난한 사람들이 오두막을 짓고 살고 있다. 이 오두막에 사는 사람들은 장마철이 되면 혹시 밤사이에 강이 범람할지 모르기 때문에 마음 편히 잠들지 못하고 깨는 경우가 많다.

계어는 **오월장마** – 여름

さみだれや

美豆(みづ)の小家(こいへ)の

寝覚(ねざめ)がち

긴 장맛비여

큰 강을 앞에 두고

집이 두어 채

계속 내린 장맛비 때문에 강물이 불어나 탁류가 소용돌이치며 대단한 위세로 흘러가고 있다. 금방이라도 무너질 듯한 제방 위에는 초라한 농가가 두 채 불안하게 서있다. 바깥 사람들이 느끼는 불안감을 그곳에 사는 사람들은 과연 느끼고 있을까? 장면자체는 그림으로 상상할 수 있을 법하다.

계어는 **긴 장마비** – 여름

さみだれや

大河(たいが)を前(まえ)に

家(いえ)二(に)軒(けん)

오월 장마에

푸른 바다 사이로

치닫는 탁류

장마로 누렇게 변한 흙탕물이 강에서 푸른 바다를 향해 돌진하듯이 흘러간다. 금방이라도 바다 빛을 누렇게 변화시킬 듯한 기세로 흐르는 탁류의 웅장함을 읊고 있다.

계어는 **오월 장마** - 여름

さみだれ
五月雨や

あをうみ　つ
滄海を衝く

にごりみづ
濁水

장마(탁류)

파란 매실에

눈썹을 찡그리는

미인이로다

마당에 있는 매화나무에 파란 매실이 주렁주렁 탐스럽게 열려있다. 그 풍경을 바라보는 아름다운 여인이 매실의 신맛을 연상하며 아름다운 눈썹을 찡그리고 있다. 푸르른 마당의 풍경과 눈썹을 찡그리고 있는 아름다운 여인의 자태가 투명하리만큼 맑게 그려지고 있다.

계어는 **푸른 매실** – 여름

青梅に
あおうめ

眉あつめたる
まゆ

美人かな
びじん

푸른 매실

오포소리에

모심기 소리마저

멎어 버렸네

뿌뿌 하고 점심때를 알리는 오포소리가 들려온다. 그동안 노래 소리에 맞추어 모심기에 열중하다가 갑자기 노래 소리가 멎어버렸다. 농부들은 점심을 먹기 위해 논둑으로 나오고 뜨거운 태양이 논바닥을 비추고 있다. 실제로 작자는 논이 보이는 위치에 있지 않고 오포소리와 농민들의 노래 소리로만 풍경을 짐작할 수 있는 위치에 있음을 암시해 주는 구이다.

계어는 **모심기 소리** – 여름

午(うま)の貝(かひ)
田(た)うた音(おと)なく
成(なり)にけり

얇은 비단옷

소매 속을 기어가는

반딧불인가

손으로 반딧불을 잡으려고 애를 쓰다가 겨우 한 마리를 잡았는가 했더니 어느새 소매 자락 속으로 도망쳐 버렸다. 얇은 비단 천으로 만든 소매 자락 속에서 반딧불이 기어 다니는 모습이 깜깜한 여름밤에 은은하게 비치고 있다. 날아다니는 반딧불도 아름답지만 소매 자락을 통해 비치는 반딧불의 불빛도 환상적이다.

계어는 **반딧불** – 여름

狩衣の
袖のうら這う
ほたる哉

반딧불

여름 냇물을
건너는 기쁨이여
손엔 조리신

아무리 둘러봐도 냇물에는 다리도 없고 디딤돌도 없다. 에라 모르겠다하고 옷자락을 걷어 올리고 맨발로 시냇물을 건너기로 했다. 신고 있던 조리(草履:일본식 짚신을 일컫는 말)신을 벗어, 양손에 걸치고 첨벙대며 물을 건너는 기분이 너무나도 시원하고 상쾌하다는 것을 잘 나타내주는 작품이다.

계어는 **여름 냇물** – 여름

夏川を
なつがわ

越すうれしさよ
こ

手に草履
て　ぞうり

은어를 주고

그냥 가버린 친구

한밤중 대문

한 여름에 밤이 깊은 시각에 대문을 두드리는 소리를 듣고 이 시간에 누구지 하고 나가보니 친구가 은어가 많이 잡혀 두고 가네 하고 종종 걸음으로 어둠 속으로 사라져 버렸다. 친구가 두고 간 은어에서는 밤공기를 헤치며 퍼득대는 은어의 비릿한 향내가 그윽하게 감돌고 있다. 한밤중의 뜻밖의 선물에 꿈 꾸는듯한 느낌으로 대문 주변을 어슬렁거리는 집주인의 모습이 눈에 선하게 떠오른다. 또 한 밤중에 폐가 될까봐 고기만 내려놓고 안에 들르지 않고 지나치는 친구의 따뜻한 배려가 더욱 따사롭게 느껴지는 구이다.

계어는 **은어** – 여름

あゆ
　　　鮎くれて
　　　　　　すぎゆく
　　　よらで過行
　　　よは　　かど
　　　夜半の門

비개인 달밤

누가 밤낚시하나

하얀 정강이

비가 내린 후에 냇물이 불어났을 때는 고기 잡기에 좋은 기회이다. 내리던 비도 멎어 어두운 강기슭으로 고기 잡으러 가 보았더니 어느새 구름사이로 달이 떠 있다. 그런데 나보다 먼저 누군가가 바지를 걷어 올리고 하얀 정강이를 내놓고 고기를 잡고 있다. 달빛을 받아 어둠사이로 하얀 정강이가 더욱 선명히 보임을 추측해 볼 수 있다. <夜ぶり>는 여름밤에 횃불을 들고 모여드는 고기를 잡는 낚시 법을 가리키는 말이다.

계어는 **밤낚시** – 여름

雨後の月
誰そや夜ぶりの
脛白き

모기가 우네

인동초 꽃잎들이

떨어질 때마다

인동초 넝쿨사이로 하얀 꽃들이 피어있다. 바람도 불지 않는데 여기저기서 인동초 꽃잎들이 떨어진다. 꽃잎이 떨어질 때마다 넝쿨사이에 숨어 있던 모기들이 앵앵하며 울어댄다. 모기들이 앵앵대는 소리가 들리는 것으로 보아 시각은 여름 해질 무렵쯤으로 짐작할 수 있다.

계어는 **모기** – 여름

蚊の声す

忍冬の花の

散るたびに

모기장 속에

반딧불 풀어놓고

아! 즐겁구나

여름날 밤에 반딧불을 많이 잡아 모기장 속에 풀어놓고 이불에 누워 반딧불을 감상하고 있다. 이불에 편히 누워 모기의 침입도 받지 않고 반짝이는 반딧불을 한가로이 즐기려니 절로 기쁨의 탄성이 나온다.

계어는 **모기장** – 여름

蚊屋[かや]の内[うち]に

ほたる放[はな]して

アゝ楽[らく]や

새하얀 얼굴

아이 보니 기쁘네

아기 모기장

아기 모기장 안에서 갓난아이가 새록새록 잠자고 있다. 천진무구한 아이의 모습이 너무 귀여워 깨면 껴안아 주고 싶은데 아이는 계속 잠만 자고 있다. 모기장 속으로 보이는 투명하리만큼 새하얀 아이의 건강한 얼굴을 보고 혼자서 피시시 웃으며 대견해하는 부모의 모습이 눈에 선하다.

계어는 **모기장** – 여름

見白(かおしろ)き

子のうれしさよ

まくら蚊帳(かや)

모깃불 빛에

얼굴색이 붉어진

여인네로다

어두워지는 것도 모르고 툇마루에 앉아 정담을 나누고 있는 남녀. 모기의 등살을 견디다 못해 여자가 모깃불을 지피려고 한다. 어둠속에서 확 타오르는 불빛 때문에 여인의 얼굴이 붉게 보인다. 여인은 마치 숨기고 있던 마음속의 연심(恋心)을 들키기나 한 듯이 부끄러워하며 더욱 얼굴을 붉혔을 것이다.

계어는 **모깃불** – 여름

　　　　もえたち
　　　　燃立て

　　　　かほ
　　　兒はづかしき

　　　　か　　かな
　　　　蚊やり哉

콜록거리는

스님의 기침소리

우는 뻐꾹새

깊은 산 속에서 수양을 하고 있는 스님의 기침소리가 정적을 깨고 콜록콜록 하고 들려온다. 그런데 그때 어디선가 장단이라도 맞추려는 듯 뻐꾹뻐꾹하고 뻐꾹새가 운다. 조용한 산사에 감도는 적막함과 적막함을 깨는 기침과 뻐꾹새 소리, 그리고는 또다시 정적의 세계로 돌아오는 짧은 순간의 순환을 잘 포착한 작품이다.

계어는 **뻐꾹새** – 여름

ごつごつと

僧都（そうづ）の咳（せき）や

かんこ鳥（どり）

어디서부터

돌팔매 날아왔나

여름 나무 숲

울창하게 우거진 나무숲을 거닐다 보니 어디선가 바시락하는 소리가 들렸다. 그 소리 때문에 숲 속의 정적이 깨어지는가 싶더니 다시 원래의 조용함으로 돌아왔다. 누군가가 던진 돌팔매인 모양인데 과연 누가 던졌을까하고 이상하게 생각하며 잠시 멈춰 서서 사방을 둘러본다. 여름날의 숲 속의 정적을 돌팔매를 통해 나타내려는 시도가 한층 돋보이는 작품이다.

계어는 **여름 나무 숲** – 여름

いづこより

礫(つぶて)うちけむ

夏木立(なつこだち)

농부들만이

살아서 일을 하는

한더위로다

한 여름의 뙤약볕 아래서 산천초목이 더위에 풀이 죽어 있고 사람들도 기력이 떨어져 일이 손에 붙지 않는다. 그러나 유독 농부들만이 논이나 밭에서 더위에 굴하지 않고 구슬땀을 흘리며 열심히 일을 하고 있다. 이 세상에서 살아서 움직이는 것은 오직 농부들 뿐이다.

계어는 **더위** - 여름

百姓の
生キてはたらく
暑かな

보기 좋아라

사랑하는 내 님의

새하얀 부채

많은 사람들이 모여 있는 곳에 평소 흠모하던 그 사람이 보였다. 그 사람을 만난 것만으로 반가운데 그 사람이 새하얀 부채를 우아롭게 부치는 모습이 너무나 품위 있고 출중하여 마음이 든든하다. 역시 내가 흠모할만한 사람이라고 수긍하고 있는 작중 인물의 표정이 눈에 선하다.

계어는 **부채** - 여름

目(め)に嬉(うれ)し
恋君(こひぎみ)の扇(おうぎ)
真白(ましろ)なる

여름 산이여

교토를 가로질러

나는 흰 백로

푸르른 숲으로 빽빽한 산모퉁이로부터 하얀 백로가 한 마리 나타났다가 유유히 교토의 하늘을 가로질러 날아가고 있다. 그 백로를 따라 눈을 좇아가다 보니 어느새 반대편 산 속으로 사라져 버렸다. 여름의 파란 숲의 정경과 하얀 백로의 대비가 선명한 작품이다.

계어는 **여름산** – 여름

夏山や
京尽し飛ぶ
鷺ひとつ

가을

하이쿠 요사 부손与謝蕪村의 봄, 여름, 가을, 겨울

가을이 왔네

뭔가에 짐짓 놀란

점쟁이로다

입추가 되었기 때문에 어딘가에 가을의 징조가 보일 것이라는 생각으로 보니, 점을 치는 점쟁이가 무언가에 놀란 표정을 짓고 있다. 점쟁이는 천지만물의 변화를 누구보다 민감하게 느낄 수 있다는 상상 하에 유심히 보니 어느 때와는 다른 낌새를 감지하고 있는 듯하다고 읊고 있다.

계어는 **가을이 왔네** – 가을

　　　　　あき
　　　　秋たつや

　　　　　なに
　　　何におどろく

　　　　　おんみょうじ
　　　　陰陽師

모기장 너머

귀신을 퇴치하는

입추 날 아침

서序에 <병상에서 일어나病起>라고 되어 있다. 기나긴 여름 더위도 지나 모기장 너머로 서늘한 초가을 바람이 불어온다. 아, 오늘이 입추 날 아침이로구나. 오랜 병상에서 지쳐 작업의욕도 떨어지고 기력이 떨어져 작자자신이 보기에도 자신의 모습이 한심하기 그지없다. 서늘한 가을바람이 불기 시작해 병도 나은듯한 느낌이 든다. 이젠 가을바람과 더불어 쳐들어올 귀신을 매로 쳐서 물리치고 결단코 병상에서 일어나리라는 작자의 굳은 각오를 엿볼 수 있다.

계어는 **입추 날 아침** – 가을

蚆帳ごしに

鬼を答うつ

今朝の秋

너 댓명 위에

달 그림자 지우네

춤 이어지고

본오도리(盆踊り : 음력 8월 15일을 오본(お盆)이라고 하는데 이날 밤 모여서 추는 춤을 일컫는 말) 때문에 초저녁부터 마을이 시끌벅적했다. 그러나 밤이 깊어 달빛이 서쪽으로 기울기 시작할 무렵에는 힘 좋은 젊은이 네, 다섯 명만이 남아 밤이 깊은 줄 모르고 흥겹게 춤을 추고 있다. 달빛을 받아 춤을 추고 있는 사람들의 그림자가 금방이라도 보일 듯한 작품이다.

계어는 **춤** - 가을

四
五
人
に

月
落
ち
か
か
る

を
ど
り
哉

달도 기울어

누구나 지쳐버린

춤판이로다

오본(お盆 : 음력 8월 15일의 명절을 지칭하는 말)의 아름다운 명월도 밤이 깊어감에 따라 서서히 기울어 가고 있다. 사람들은 너나 할 것 없이 본오도리(盆踊り : 음력 8월 15일 즉, 오본 날 밤에 여러 사람이 노래에 맞추어 추는 일본 민속춤으로 지방에 따라 형태가 다름)에 지친 탓인지 인적도 드물다. 축제가 끝난 다음의 조용하고 차분한 분위기를 잘 나타내 주고 있다. 뒤돌아보면 금방이라도 다시 본오도리의 춤판이 벌어질 것 같은 느낌을 준다.

계어는 **춤판** – 가을

つきふけ
月更て

ねこ しゃくし
猫も杓子も

おどり
踊かな

번개가 치자

대 숲에 맺힌 이슬

떨어지도다

갑자기 번갯불이 번쩍였다. 그와 동시에 어디선가 물을 뿌리는 듯한 소리가 들려왔다. 비는 오지 않는데 웬일인가 하고 이상하게 생각되어 살펴보니 대나무 잎에 맺혀있던 이슬이 떨어지는 소리였다.

계어는 **번개** – 가을

稲妻(いなずま)に
こぼるる音(おと)や
竹(たけ)の露(つゆ)

밑둥 빠진 채

통이 나뒹구르네

가을 태풍에

밑둥이 빠진 채 버려진 나무통이 태풍에 이리저리 나뒹군다. 스산하게 부는 바람소리와 소리를 내며 굴러다니는 통소리가 늦가을의 분위기를 더욱 황량하게 만들어 준다. 나무통이 마치 자기의 의지로 뒹굴고 있다는 식의 의인법을 사용하고 있는 점이 해학성을 더해 준다.

계어는 **가을태풍** - 가을

底(そこ)のない
桶(をけ)こけ歩行(あるく)
野(の)分(わき)哉(かな)

처도 자식도

절에서 얻어먹는

태풍이로다

태풍이 불어와 집들이 날려가고 강의 물도 불었다. 사람들이 신변 안전을 위해 절로 피신했다. 요즈음이라면 높은 곳에 있는 학교로 피하는 것이 보통이지만 에도시대 때는 역시 절이 넓고 높은데 위치해 안전했던 것 같다. 처와 자식을 절에 맡기고 남자들은 제방이나 논밭을 둘러보러 나간다. 일을 마치고 절에 돌아와 보니 처와 자식이 초라하게 절 음식을 얻어먹는 모습이 눈에 들어왔다. 신세가 처량하기도 하고 불쌍하기도 하여 태풍이 원망스럽기 그지 없다. 집을 잃고 피신해 있는 사람들의 처지를 현실감있게 잘 표현한 작품이라 할 수 있다.

계어는 **태풍** - 가을

妻(つま)も子(こ)も
寺(てら)でもの喰(く)ふ
野分哉(のわきかな)

산엔 해지고

들엔 황혼빛깔의

참억새로다

아득히 서쪽으로는 산들이 이어져있고 해는 이미 져서 산 쪽은 어둠이 깔리기 시작한다. 그런데 서쪽으로 진 햇살이 하늘을 비추어 붉은 노을이 아름답다. 하늘의 노을이 다시 은빛의 참 억새밭에 반사되어 억새풀 꽃이 붉은 빛으로 밝게 빛난다. 먼 산의 빛깔과 가까운 억새밭의 조화를 원근감을 살려 잘 표현하고 있다.

계어는 **참억새** – 가을

山^{やま}は暮^{くれ}て

野^のは黄昏^{たそがれ}の

薄^{すすきかな}哉

참억새

찔레는 늙고

억새는 여위었네

싸리는 이제

여름 꽃인 찔레꽃도 가을이 되어 늙은이처럼 풀이 꺾였고, 억새풀은 이삭을 피우기에는 아직 이른 계절이라 여윈 모습이다. 가을을 상징하는 싸리 꽃은 군데군데 피기 시작하여 이제부터 가을은 깊어간다. 마당에 피어 있는 꽃을 소재로 계절의 변화를 민감하게 포착하고 있다.

계어 **싸리** – 가을

하이쿠 요사 부손与謝蕪村의 봄, 여름, 가을, 겨울

茨老い
いばら お

すすき痩せ萩
や　　はぎ

おぼつかな

흰 이슬이여

찔레나무 가시에

하나씩 맺혀

정원은 아침이슬로 흠뻑 젖어있다. 가을이 되어 꽃도 잎도 다 떨어진 찔레나무 가시마다 이슬방울이 한 방울씩 대롱대롱 매달려 구슬처럼 반짝이고 있다. 가을의 차가운 아침공기와 투명함이 돋보이는 이슬방울과의 조화가 아름다움을 더해준다.

계어는 **흰 이슬** – 가을

<ruby>白露<rt>しらつゆ</rt></ruby>や

<ruby>茨<rt>いばら</rt></ruby>の<ruby>刺<rt>はり</rt></ruby>に

ひとつづつ

벚꽃이 없는

당나라도 떴겠지

오늘밤 이 달

오늘밤은 유난히도 달이 밝고 하늘이 청명한 중추절이다. 이런 상태라면 아마도 바다건너 저 편에 있는 당나라, 잘은 모르지만 그곳에는 봄의 경치를 대표하는 벚꽃이 없다는데, 그곳도 틀림없이 휘영청 밝은 달이 떴으리라고 짐작하여 읊은 작품이다. <벚꽃이 없는>이라는 표현 속에는 일본을 칭송하는 작자의 의도가 잘 나타나 있다.

계어는 **오늘밤 이 달** - 가을

さくらなき

もろこしかけて

けふの月

나카마로의

제사를 지내 줄까

오늘밤 달님

휘영청 밝은 보름달이 밝게 빛나고 있다. 아베노 나카마로(阿倍仲丸呂, 698~770)는 당나라에 유학생으로 갔다가 고국을 그리워하며 <넓은 하늘을 빤히 올려다보니 가스가春日에 있는 미카사三笠 산 정상의 그 달이로다>라는 노래를 지었는데, 결국은 일본에 귀국하지 못하고 고향을 그리다가 당나라에서 죽었다. 오늘밤도 나카마로가 보았던 그때처럼 달이 밝으니 오늘 이 달빛으로 타국에서 애석하게 죽은 나카마로의 제사를 지내볼까 하고 달을 예찬하고 있다.

계어는 **오늘밤 달님** - 가을

なかまろ
仲丸の

たままつり
魂祭せむ

つき
けふの月

아침 안개가

마을에 가득한 데

시장 통 소리

가을에는 아침안개가 자주 낀다. 아침안개가 자욱히 끼어 마을의 집도 사람들도 잘 보이지 않는다. 그런데 시장 통인듯 싶은 곳에서는 장사꾼과 가격 홍정을 벌이는 왁자지껄한 소리가 들려온다.

계어는 **아침 안개** - 가을

あさぎり
朝霧や

むらせんげん
村千軒の

いち おと
市の音

잠자리 떼여

고향 그리웠다네

하얀 벽 색깔

오래간만에 그리던 고향 마을에 돌아왔다. 나지막하게 날아다니는 잠자리들의 무리와 시골의 하얀 토담이 더욱 정겹게 느껴진다. 타향살이에서 괴롭고 외로울 때면 어린 시절의 고향 모습을 그려보곤 했는데 막상 다시 고향에 와 보니 풍경이 옛날 그대로 변함이 없다. 역시 고향은 좋은 곳임을 작자는 절실히 느끼고 있다.

계어는 **잠자리** – 가을

とんぼう
蜻蛉や

むら
村なつかしき

かべ　いろ
壁の色

밭에 떨어져

밭으로 흘러가네

가을 밭의 물

계단식 밭에 고인 물이 높은 데서 낮은 데로 흘러간다. 인기척이 없는 조용한 산비탈에 흐르는 물소리만이 청아롭게 들린다. 추수가 끝난 가을 들녘의 쓸쓸함을 잘 표현한 구이다.

계어는 **가을 밭의 물** - 가을

田におちて
田を落行くや
秋の水

가을바람에

마른 생선 내다 건

바닷가 어촌

바닷가에 있는 초라한 어부들의 집에는 집집마다 처마에 생선을 내걸고 말리고 있다. 때마침 불어오는 가을바람에 내다 말린 생선이 부딪치는 소리가 쓸쓸한 어촌 풍경을 더욱 살벌하게 해 준다. 가을의 쓸쓸함을 시각적인 표현과 바람을 통한 청각적 표현을 통해 한층 더 강조해 주고 있다.

계어는 **가을바람** – 가을

あきかぜ
秋風や

ひ　うを
干魚かけたる

はまびさし
浜庇

가을바람아

주막서 시를 읊는

어부와 초부樵夫

바닷가에서 멀지 않은 한적한 주막에서 일을 마친 어부와 나뭇꾼이 술잔을 기울이며 콧노래를 흥얼대고 있다. 때마침 스산한 가을바람이 불어와 볼품없는 주막집의 분위기가 더욱 쓸쓸하다. 장면이나 등장인물을 통해 서민생활의 단면을 담담하게 그려내고 있다.

계어는 **가을 바람** – 가을

秋風や
しうふう

酒肆に詩うたふ
しゅし　し

漁者樵者
ぎょしゃせうしゃ

애달픔이여

낚시 줄을 스치는

가을 찬 바람

잔잔한 수면에 낚싯대를 드리우고 기다리고 있는데 어디선가 스산한 가을바람이 소리도 없이 불어와 가느다란 낚싯줄을 흔들며 지나간다. 잠자코 수면을 바라보고 있자니 왠지 견딜 수 없는 쓸쓸함이 엄습해 온다. 역시 가을은 이유 없이 쓸쓸하구나라는 사실을 통감하고 있을 작중인물의 모습이 눈에 선하다.

계어는 **가을바람** - 가을

かなしさや
釣の糸吹
あきの風

화로에 태워

연기를 만져보는

단풍이로다

서序에 <어떤 사람이 산에 갔다가 단풍나무 가지 하나를 보내왔다. 때는 음력 10월 10일경이라 단풍잎이 서리에 견디지 못해 결국 바짝 말라버려 애석했다>라고 되어있다. 단풍 구경을 갔다가 꺾어다 준 단풍잎 가지가 말라버린 것을 암자 화로에 태웠더니 그 연기가 솟아올랐다. 너무나 애석하여 그 연기를 만져보지만 허공을 짚듯이 아무 것도 잡히지 않고 허전할 뿐이다.

계어는 **단풍** - 가을

炉に焼て

けぶりを握る

紅葉哉

철새 찾아와

우는 소리 기쁘다

나무 채양에

가을이 되면 대륙에서 철새들이 겨울을 보내기 위해 날아온다. 산 속 깊숙한 곳에 지은 초막집의 판자 조각으로 덧붙여 놓은 채양 위에 철새들이 찾아와 발자국 소리가 소란하다. 제 계절이 되면 어김없이 찾아오는 철새들의 지저귐을 들으면 왠지 기쁘게 느껴지고 마음이 들뜨게 된다. 나무 채양은 지붕과는 달리 새들의 움직임을 정확하게 전달해 준다는 점에 착안한 것이 신선하다.

계어는 **철새** – 가을

하이쿠 요사 부손与謝蕪村의 봄, 여름, 가을, 겨울 181

小鳥来る
音うれしさよ
板びさし

도요새 무리

날으니 가을 하늘

낮아 보이네

넓은 논바닥이나 늪지대를 도요새 무리가 푸드득거리며 날아다니고 있다. 구름 한 점 없는 가을 하늘은 맑게 개여 있고 유달리 높아만 보인다. 그런데 날아다니는 도요새 무리에 눈을 빼앗겨 바라다보고 있자니 가을 하늘이 갑자기 낮게 느껴진다. 넓은 들판에서 도요새 무리를 쳐다보고 있는 작중인물의 뒷모습을 상상해 보면 쓸쓸하기 그지없다.

계어는 **도요새** – 가을

鴫(しぎ)立(た)ちて

秋天(しうてん)ひきき

ながめ哉(かな)

이삭 주우며

햇살 비치는 데로

걸어서 간다

수확이 끝난 논자락을 이삭을 주우며 다니는 가난한 농부들의 모습이 여기저기 보인다. 허리를 숙이고 열심히 이삭을 찾는 모습이 초라한데 이상하게도 모든 사람들이 햇살이 비치는 방향을 향해 나아가고 있다는 점을 발견한 작자의 시선이 예사롭지 않다. 가난하고 배가 고프면 추위를 타기 마련인데 이삭을 주울 정도의 처지라면 배불리 먹었을 리가 없고 당연히 추위도 더 느낄테니 양지쪽으로 향하는 것이 당연하리라고 보인다.

계어는 **이삭** – 가을

落穂拾ひ
日あたる方へ
あゆみ行く

겨울

하이쿠 요사 부손与謝蕪村의 봄, 여름, 가을, 겨울

초겨울이여

날씨 화창해졌네

교토의 외곽

교토는 산으로 둘러싸인 분지이기 때문에 날씨가 변덕스럽다. 초겨울에는 특히 흐린 날이 많은데, 그런 어느 날 교토의 외곽을 지나다보니 갑자기 날씨가 화창해졌다. 평범한 작품이지만 칙칙한 초겨울 날씨가 화창해지기를 얼마만큼 작가가 기대하고 있는지를 짐작할 수 있다.

계어는 **초겨울** – 겨울

하이쿠 요사 부손与謝蕪村의 봄, 여름, 가을, 겨울 189

初^{はつふゆ}冬や

日^ひ和^{より}になりし

京^{きょう}はづれ

그리운 님의

발자욱 소리 머언

낙엽이로다

님이 오기를 애틋하게 기다리던 사람이 낙엽 밟는 발자국소리를 들을 때마다 님이 오는 소리인가 하고 귀를 기울인다. 다가오는 발자국소리에 기대를 걸었다가 번번이 허탕을 쳤다. 몇 번의 실패 끝에 진짜 님의 소리라는 것을 확인하고는 안도의 한숨을 내쉰다.

계어는 **낙엽** – 겨울

待人の
  まつひと
足音遠き
  あしおととお
落葉哉
  おちば かな

낙엽 떨어져

멀어져 가는구나

절구질 소리

추수 때에는 농가에서 절구질하는 소리가 소란하게 들렸다. 그러나 낙엽이 지고 추워지면 절구를 곳간 창고에 넣어두고 곡식을 찧기 때문에 그 소리가 왠지 멀리서 들려오는 듯이 들린다. 낙엽이 떨어져 앙상한 가지만 남아 있으면 담장 너머 이웃집이 가깝게 느껴지지만 가까이 들리던 절구소리는 오히려 멀게 느껴진다는 점에서 착안한 작품이라는 점이 신선하게 다가온다.

계어는 **낙엽** – 겨울

하이쿠 요사 부손与謝蕪村의 봄, 여름, 가을, 겨울 193

落葉して
遠くなりけり
臼の音

겨울바람에

무얼 먹고 사는가

초가 다섯 채

차가운 겨울바람이 휘몰아치는 산골에 외로이 초라한 초가집이 다섯 채 서 있다. 주변을 둘러봐도 밭도 별로 되지 않고 양식이 될 만한 것이 없을 듯한데 이 추운 겨울에 여기 사는 사람들은 도대체 무엇으로 생계를 꾸려나가고 있을까? 차가운 겨울바람이 휘몰아치는 산골의 황량한 풍경을 회화적으로 그려낸 작품이다.

계어는 **겨울바람** – 겨울

　　　　　　こがらし
　　　　　　凩や

　　　　なに　　よ
　　　　何に世わたる

　　　　　　いえ ご けん
　　　　　　家五軒

겨울바람에

바위에 부딪쳐서

찢긴 물소리

계곡의 물이 바위에 부딪쳐 부서지면서 굉장한 속도로 흘러가고 있다. 때마침 겨울을 재촉하는 매서운 바람이 불어와 바람에 실려 계곡 물소리가 한층 더 크게 들려온다. 바위에 부딪쳐 찢어지는 것이 물살일 텐데, 마치 물소리가 찢긴다고 표현한 점이 흥미롭다.

계어는 **겨울바람** – 겨울

こがらしや

岩に裂行く

水の音

백로는 젖고

학에는 해 비치네

초겨울 찬비

학이 몇 마리 논에서 먹이를 쪼아먹고 있다. 거기에서 조금 떨어진 곳에서는 겨울을 보낼 백로들이 놀고 있다. 그때 마침 겨울의 찬비가 논 전체가 아니라 일부 지역에만 내렸다. 그 때문에 백로는 비에 젖었는데, 학이 있는 데는 햇살이 비추어졌다. 넓은 들판에 백로와 학을 배치하고 비로 명암을 채색하며 시각적인 이미지의 확대효과를 꾀하고 있다.

계어는 **초겨울 찬비** – 겨울

鷺(さぎ)ぬれて

鶴(つる)に火(ひ)のさす

しぐれ哉(かな)

재워달라고

칼을 불쑥 내미네

눈보라 속에

눈보라가 휘몰아치는 밤에 누군가 소란하게 문을 두드린다. 올 사람이 없을 텐데 웬일인가 하고 문을 열어보니 눈에 뒤덮인 무사 한사람이 칼을 내밀며 무릎을 꿇고 하루 밤 재워 달라고 부탁을 한다.

계어는 **눈보라** – 겨울

宿(やど)かせと

刀(かたな)投(な)げ出(だ)す

吹雪(ふぶき)哉(かな)

마른 정강이

병석에서 일어선

학과 같도다

서序에 <다이로大魯가 빨리 회복되길 빌며>라고 되어 있다. 병을 앓고 있는 제자 다이로大魯가 스승이 왔다는 얘기를 듣고 억지로 일어나 앉았는데 피골이 상접한 정강이가 가늘고 뼈만 앙상하다. 방안 공기는 싸늘한데 스승을 맞이하기 위해 의연한 태도를 보이려는 제자의 모습이 마치 추운 들판에 가느다란 외발로 서있는 학의 모습과 같다. 제자가 하루빨리 나아서 재기하기를 기다리는 스승의 염원이 잘 나타나 있다.

계어는 **춥다** - 겨울

痩(やせ)脛(はぎ)や

病(やまひ)より起(た)つ

鶴(つる)寒(さむ)し

도끼질 하다

향기에 놀라도다

겨울나무들

나뭇잎이 다 떨어져버린 겨울나무는 생기를 잃어버려 말라 죽어버린 것처럼 보인다. 나무를 베어 땔감으로 쓰려고 도끼질을 하는데 갑자기 신선한 나무 향내가 난다. 죽었다고 생각한 나무에서 의외로 생명이 남아 있음을 인식하고 놀라고 있을 작가의 모습이 눈에 선하다.

계어는 **겨울나무들** - 겨울

하이쿠 요사 부손与謝蕪村의 봄, 여름, 가을, 겨울 205

斧入れて
香におどろくや
冬こだち

파란 파를 사

마른 나무 사이를

돌아오누나

시장 통을 지나다가 새파란 대파를 단으로 샀다. 겨울철이라 푸른색의 야채를 보기 어려운데 파의 빛깔이 더욱 선명하다. 집으로 돌아가는 길에는 앙상한 가지만 남은 숲이 있다. 그 숲을 지나다 보니 메마르고 삭막한 주변 풍경 때문에 파의 푸른 빛깔이 더욱 빛난다. 여기서 파는 푸른색의 시각적인 효과와 미끈둥한 촉각과 비릿한 냄새의 후각과 감칠맛을 내는 미각까지를 자극하는 요소로 작용하고 있다. 파를 한단 사서 행복한 기분으로 귀가하는 서민들의 생활을 잘 나타내 주는 작품이라 하겠다.

계어는 **마른 나무** – 겨울

요사 부손与謝蕪村의 봄, 여름, 가을, 겨울

葱買て
枯木の中を
帰りけり

황량한 겨울

북향집 그늘진 곳

부추를 뜯네

삭막한 겨울이 오면 정원이나, 텃밭도 생기를 잃게 된다. 야채를 구하기 어려운 계절이기 때문에, 햇볕이 잘 안드는 북쪽 마당에 듬성듬성 나있는 부추를 뜯어먹었다. 서민들의 초라한 일상생활을 그린 작품으로 왠지 모르게 가련한 느낌이 든다.

계어는 **황량한 겨울** – 겨울

冬ざれや
北の家陰の
韮を刈る

도깨비불이

금방 옮겨 붙을 듯

마른 억새풀

드넓은 갈대밭에 석양이 내려 깔릴 무렵의 풍경이다. 메마른 갈대밭에 어둠이 깔리자 군데군데 번쩍이는 도깨비불이 나타났다. 도깨비불이 너무 강해서 금방이라도 마른 갈대밭으로 옮겨 붙지나 않을지 의심이 갈 정도이다. 착상도 신선하고 「도깨비불」 등의 생경한 표현 또한 환상미를 더해 주어 재미있다고 할 수 있다.

계어는 **마른 억새 풀** - 겨울

きつねび
狐火の

も
燃えつくばかり

かれ を ばな
枯尾花

비파나무 꽃

새들도 오지 않고

해 저물었네

비파나무에 하얀 꽃이 옹기종기 피어있다. 별로 눈에 뜨이지 않는 꽃이기 때문에 새들도 찾아오지 않는데 추운 겨울날은 점점 음산하게 저물어 간다. 여기서 새들도 오지 않는다는 말은 사람은 말할 것도 없이라는 뜻을 내포하고 있다. 겨울 해질 무렵의 스산하고 살풍경한 마당 한가운데 피어있는 비파나무 꽃이 한층 더 초라해 보일 뿐이다.

계어는 **비파나무꽃** – 겨울

枇杷の花
鳥もすさめず
日ぐれたり

코를 골면서

뒤척이는 모습이

해삼 같도다

누군가가 코를 크게 골면서 잠을 자고 있다. 코 고는 소리 때문에 같이 잠자던 사람이 잠을 잘 수가 없다. 같이 있던 사람이 혼잣말처럼 어떻게 코를 안 골게 할 수는 없나 하고 불평을 하자 마치 그 소리를 알아들은 듯이 코 고는 사람이 꿈틀대며 뒤척인다. 그 뒤척이는 형상이 마치 꿈틀대는 해삼 같다고 비유하고 있다.

계어는 **해삼** – 겨울

大鼾
おほいびき

そしれば動く
　　　うご

なまこかな

잿 속 화롯불

피어있나 꺼졌나

엄마 곁에서

추운 겨울날, 재 때문에 불이 피어있는지 꺼졌는지 알 수 없는 화롯불을 쬐고 있자니 어머니 곁에서 화롯불을 쬐던 옛 시절이 불현듯 생각난다. 아마도 화롯가에서 옛날이야기를 들려주시던 어머니의 모습이 생생하게 떠올라 그리워해 보지만 이미 어머니는 이 세상에 없기 때문에 더욱 애절함이 남을 뿐이다.

계어는 **잿 속 화롯불** – 겨울

うづみび
埋火の

み
ありとは見へて

はは　そば
母の側

허리를 다친

아내가 고와뵈는

고다쓰런가

일을 하다가 허리를 다쳐 꼼짝달싹 못하는 마누라의 모습이 초라하고 애처롭지만, 따사로운 고다쓰(이불을 씌워 만든 화로로 일본 주택의 대표적인 난방기구의 하나이다)에 발을 집어넣고 화사한 얼굴로 앉아있는 마누라의 모습이 가련하리만큼 예쁘게 보인다.

계어는 **고다쓰** – 겨울

腰(こし)ぬけの
妻(つま)うつくしき
炬燵(こたつ)かな

업힌 아기의

깊숙한 두건 속의

고운 눈동자

엄마 등에 업힌 아기가 추위를 피하기 위해 방한모를 깊이 내려쓰고 있다. 방한모가 크기 때문인지 밀려 내려와 아이 얼굴을 반 정도 덮고 있다. 방한모 사이로 천진무구한 아이의 초롱초롱한 눈빛이 더욱 아름답게 반짝이고 있다.

계어는 **방한모** – 겨울

みどり子の

頭巾眉深き

いとほしみ

버선을 신고

자는 밤 불유쾌한

꿈만 꾸도다

잠자리에 들 때에는 버선을 벗는 것이 일반적이다. 아마 어릴 때부터 잠잘 때는 버선을 벗도록 교육을 받아 왔는데, 겨울밤이 너무 추워서 버선을 신은 채로 잠자리에 들었다. 발끝은 따뜻해졌지만 답답함 때문에 잠자리가 불편하다. 그 때문인지는 모르지만 꿈자리조차 뒤숭숭하고 왠지 불쾌함만이 남는다.

계어는 **버선** – 겨울

足袋(たび)はいて

寝(ね)る夜(よ)ものうき

夢見(ゆめみ)哉(かな)

후지산 보며

지나는 사람 있네

세밑 시장터

설날을 앞두고 북적대는 시장 통에 후지산이 선명하게 보인다. 북적대는 인파들 속에 떠밀려 특별한 볼일 없이 지나다니는 사람들도 있는데, 아마도 그 사람들은 후지산을 구경하러 왔나보다 하고 작자는 생각한 것 같다. 세밑의 시장 풍경과 선명하게 우뚝 솟아있는 후지산 풍경이 그림처럼 떠오르는 아름다운 작품이다.

계어는 **세밑시장터** – 겨울

不二(ふじ)を見(み)て

通(とお)る人あり

年(とし)の市(いち)

저무는 해여
쓰레기 흘러가는
사쿠라 강가

서序에 <쓰쿠바 산기슭에서 봄을 기다리며>라고 되어있다. 쓰쿠바 산에서 흘러내리는 사쿠라강은 봄에 벚꽃이 필 무렵에는 떨어진 벚꽃 잎이 수면을 덮을 정도라는 데서 유래하여 이름을 붙였는데, 한 겨울 인 지금은 집집마다 새해를 맞이하기 위해 일 년 동안 묵은 때를 씻은 쓰레기 더미가 흐르고 있다는 정경을 노래하고 있다.

계어는 **저무는 해** – 겨울

하이쿠 요사 부손与謝蕪村의 봄, 여름, 가을, 겨울 227

行く年や
芥流るる
さくら川

일몰

수선화 꽃에

여우가 노니누나

초저녁 달밤

겨울의 짧은 해도 저물고 언덕배기에는 야생의 수선화가 군락을 이루며 피어있다. 어디서 나타났는지 여우가 수선화 꽃들 사이를 누비며 노닐고 있다. 어스름한 달빛을 맞으며 자연 그대로의 모습으로 노닐고 있는 여우의 모습과 향기를 뿜으며 함초롬히 피어있는 수선화의 대비가 몽환적인 느낌을 자아낸다.

계어는 **수선화** - 겨울

하이쿠 요사 부손与謝蕪村의 봄, 여름, 가을, 겨울 229

水仙に
すゐせん

狐あそぶや
きつね

宵月夜
よひづき よ

수선화

바쇼가 죽고

그 후론 아직까지

해가 안 지네

하이쿠의 성인俳聖이라 일컬어지던 마쓰오바쇼(1644~1694)가 죽은 지 상당히 시간이 지났는데 바쇼에 필적할 만한 사람이 나오지 않는 것을 한탄하며, 다시 한 번 바쇼의 진가를 높이 칭송하는 작품이다. 일반적으로 세모에는 지난 한해를 되돌아보며 다가올 새해에 대한 희망을 읊는데, 이 작품은 하이쿠의 작가로서 자신의 미흡함을 반성하고 있는 것이다.

계어는 **해가 안 지네** – 겨울

芭蕉去て
そののちいまだ
年くれず

ばしょうさり
とし

나도 죽어서
바쇼芭蕉(ばしょう) 옆에 묻히리
마른 억새풀

마쓰오 바쇼松尾芭蕉는 일본 하이카이俳諧의 성인이라 일컬어지는 인물이다. 부손蕪村도 하이쿠의 세계에서는 큰 인물이지만 시조격인 바쇼를 늘 숭배해 왔다. 초겨울 추운 날에 바쇼가 은둔하던 바쇼안芭蕉庵을 찾아가 보니 마른 억새풀로 암자가 덮여 있었다. 작자도 언젠가 죽게 되면 평소 숭배하던 바쇼 옆에 묻혀 비석을 나란히 하고 싶다는 강한 희망을 표현하고 있다. 차가운 겨울바람을 맞으며 비장한 각오로 서 있는 부손의 모습을 연상해 볼 때 쓸쓸함과 절정을 느낄 수 있게 된다.

계어는 **마른 억새풀** - 겨울

我(われ)も死(し)して
碑(ひ)に辺(ほとり)せむ
枯尾花(かれをばな)

색인

일본어

いづこより ……… 133	埋火の ……… 217
うたた寝の ……… 49	妹が垣根 ……… 47
およぐ時 ……… 73	梅咲て ……… 19
かきつばた ……… 103	牡丹切て ……… 89
かなしさや ……… 177	目に嬉し ……… 137
こがらしや ……… 197	蚊の声す ……… 123
ごつごつと ……… 131	蚊屋の内に ……… 125
さくらなき ……… 163	蚊帳ごしに ……… 145
さくら狩 ……… 63	白露や ……… 161
さみだれや ……… 105, 107	百姓の ……… 135
しら梅や ……… 17	不二ひとつ ……… 91
そこそこに ……… 25	不二を見て ……… 225
たらちねの ……… 31	斧入れて ……… 205
つつじ野や ……… 77	枇杷の花 ……… 213
みどり子の ……… 221	飛かはす ……… 71
ゆく春や ……… 81	四五人に ……… 147
をちこちに ……… 93	山は暮て ……… 157
	山蟻の ……… 87
	色も香も ……… 83

한자

高麗舟の ……… 41	小鳥来る ……… 181
橋なくて ……… 23	水仙に ……… 229
炉に焼て ……… 179	狩衣の ……… 115
短夜や ……… 99, 101	痩脛や ……… 203
大津絵に ……… 29	宿かせと ……… 201
大鼾 ……… 215	我も死して ……… 233
待人の ……… 191	陽炎や ……… 45
稲妻に ……… 151	燃立て ……… 129
冬ざれや ……… 209	五月雨や ……… 109
落穂拾ひ ……… 185	午の貝 ……… 113
落葉して ……… 193	腰ぬけの ……… 219
旅芝居 ……… 97	雨後の月 ……… 121
鶯ぬれて ……… 199	雲を呑んで ……… 61
	月更て ……… 149

日は日くれよ	75
茨老い	159
底のない	153
田におちて	171
畑うつや	39
鮎くれて	119
朝霧や	167
足袋はいて	223
仲丸の	165
遅き日の	55
遅き日や	51, 53
菜の花や	69
妻も子も	155
青梅に	111
初冬や	189
秋たつや	143
秋風や	173, 175
雛見世の	33
春の暮	57
春の海	43
春雨や	35, 37
雉子啼や	27
芭蕉去て	231
夏山や	139
夏川を	117
行く年や	227
行春や	79
狐啼て	67
狐火の	211
紅梅の	21
花いばら	95
花の香や	65
皃白き	127
凪や	195
鴫立ちて	183
肘白き	59
蜻蛉や	169
葱買て	207

한국어

가는 봄이여	80
가는 봄이여	78
가을바람아	174
가을바람에	172
가을이 왔네	142
걸음 재촉해	24
겨울바람에	194, 196
그리운 님의	190
그림 위에다	28
긴 봄 햇살에	50
긴 장맛비여	106
까만 개미가	86
꽃내음이여	64
꿩이 울도다	26
나도 죽어서	232
나카마로의	164
낙엽 떨어져	192
낮에는 해 져라	74
너 댓명 위에	146
농부들만이	134
늦은 봄날이	54
님의 집 담장에	46
다리는 없고	22
달도 기울어	148
도깨비불이	210
도끼질 하다	204
도요새 무리	182
딴 나라 배가	40
마른 정강이	202
매화꽃 피어	18
맴돌며 나는	70
모기가 우네	122
모기장 너머	144

하이쿠 요사 부손与謝蕪村의 봄, 여름, 가을, 겨울 237

모기장 속에	124	이삭 주우며	184
모깃불 빛에	128	인형 가게가	32
모란꽃 꺾어	88	잠간 졸다가	48
밑둥 빠진 채	152	잠자리 떼여	168
바쇼가 죽고	230	재워달라고	200
밭에 떨어져	170	잿속 화롯불	216
밭을 간다네	38	저무는 해여	226
백로는 젖고	198	제비 붓꽃에	102
버선을 신고	222	진달래 들판	76
번개가 치자	150	짧은 밤이여	98, 100
벚꽃 구경에	62	찔레꽃나무	94
벚꽃이 없는	162	찔레는 늙고	158
보기 좋아라	136	처도 자식도	154
봄 바다 물결	42	철새 찾아와	180
봄비 내리네	34, 36	초겨울이여	188
부모님들이	30	코를 골면서	214
비개인 달밤	120	콜록거리는	130
비파나무 꽃	212	파란 매실에	110
산엔 해지고	156	파란 파를 사	206
새하얀 얼굴	126	하얀 매화에	16
색도 향기도	82	하얀 팔꿈치	58
수선화 꽃에	228	해 저문 봄날	56
아지랑이여	44	해가 긴 봄날	52
아침 안개가	166	허리를 다친	218
애달픔이여	176	헤엄 칠 때에	72
얇은 비단옷	114	홍매화꽃이	20
어디서부터	132	화로에 태워	178
업힌 아기의	220	황량한 겨울	208
여기저기서	92	후지산 만을	90
여름 냇물을	116	후지산 보며	224
여름 산이여	138	흰 이슬이여	160
여우가 우네	66		
오월 장마에	104, 108		
오포소리에	112		
유랑극단의	96		
유채꽃이여	68		
은어를 주고	118		

저자약력 **최충희**(崔忠熙)

한국외국어대학교 일본어과 졸업
일본 쓰쿠바(筑波)대학 대학원 석사과정 지역연구과 졸업(일본 시가문학 전공)
일본 쓰쿠바(筑波)대학 대학원 박사과정 문예언어연구과 수료(일본 시가문학 전공)
경희대학교 대학원 박사과정 일어일문학과 졸업(문학박사)
KBS TV「やさしい日本語」강좌 담당
일본 쓰쿠바(筑波)대학 객원교수 역임
2007년도 한국일어일문학회 학회장 역임
현재 한국외국어대학교 일본어과 교수

저서
『일본시가문학 산책』 제이앤씨
『일본시가문학사』 태학사
『일본 문학의 흐름 1』 한국방송통신대학교 출판부
『아시아문학의 이해』 전예원
『일본 언어와 문화』 제이앤씨
『모노가타리에서 하이쿠까지』 글로세움
『new 다락원 일본어 1』 다락원
『new 다락원 일본어 2』 다락원 등 다수

논문
「일본시가문학의 현주소」『일본연구 제30호』한국외대 일본연구소 2006.12.31
「소기(宗祇)와 여행」『일어일문학연구 제57집』한국일어일문학회 2006.05.31
소기(宗祇)의 「소기(宗祇)와 여행」『일어일문학연구 제57집』한국일어일문학회 2006.05.31
「소기(宗祇)의 連歌 작품에 나타난 俳諧性」『일본연구 제24호』한국외대 일본연구소 2005.06.30
「한국에서의 일본 중세문학 연구의 현황 및 그 비판적 점검」『일어일문학연구 제52집』 한국일어일문학회 2006.02.28
「連歌라는 문예의 소개」『일본연구 제20호』한국외대 일본연구소 2003.06.30 등 다수

[하이쿠] 요사 부손与謝蕪村의
봄, 여름, 가을, 겨울

초판인쇄 2007년 12월 04일
초판발행 2007년 12월 11일
저자 최충희
발행 제이앤씨
등록 제7-220호

132-040
서울시 도봉구 창동 624-1 현대홈시티 102-1206
TEL (02)992-3253 │ FAX (02)991-1285
e-mail. jncbook@hanmail.net │ URL http://www.jncbook.co.kr

· 저자 및 출판사의 허락없이 이 책의 일부 또는 전부를 무단복제 · 전재 · 발췌할 수 없습니다.
· 잘못된 책은 바꿔 드립니다.

ⓒ 최충희 2007 All rights reserved. Printed in KOREA

ISBN 978-89-5668-561-8 93830 │ 정가 10,000원

*이 책은 2007년도 한국외국어대학교 교내학술연구비의 지원에 의하여 이루어진 것임.